读故事 学汉语

READ STORIES AND LEARN CHINESE

对外汉语选修课教材

李锦 田志华/编著

英文审定 Jushua. Mcallan | 插图 刘国英 | 剪纸 张雁萍

北京语言大学出版社
BEIJING LANGUAGE AND CULTURE UNIVERSITY PRESS

图书在版编目(CIP)数据

读故事学汉语 / 李锦，田志华编著． －北京：北京语言大学出版社，2011 重印
ISBN 978 - 7 - 5619 - 2213 - 2

Ⅰ．读… Ⅱ．①李…②田… Ⅲ．汉语-阅读教学-对外汉语教学-教材 Ⅳ．H195.4

中国版本图书馆 CIP 数据核字（2008）第 168097 号

书　　名：	读故事学汉语
中文编辑：	徐　雁
英文编辑：	侯晓娟
封面设计：	周文辉
责任印制：	汪学发

出版发行：	北京语言大学出版社
社　　址：	北京市海淀区学院路 15 号　邮政编码：100083
网　　址：	www.blcup.com
电　　话：	发行部　82303650/3591/3651
	编辑部　82303647/3592
	读者服务部　82303653/3908
	网上订购电话　82303668
	客户服务信箱　service@blcup.net
印　　刷：	北京中科印刷有限公司
经　　销：	全国新华书店

版　　次：	2008 年 11 月第 1 版　2011 年 7 月第 3 次印刷
开　　本：	710 毫米×1000 毫米　1/16　印张：15
字　　数：	201 千字
书　　号：	ISBN 978 - 7 - 5619 - 2213 - 2 / H · 08202
定　　价：	38.00 元

凡有印装质量问题，本社负责调换。电话：82303590

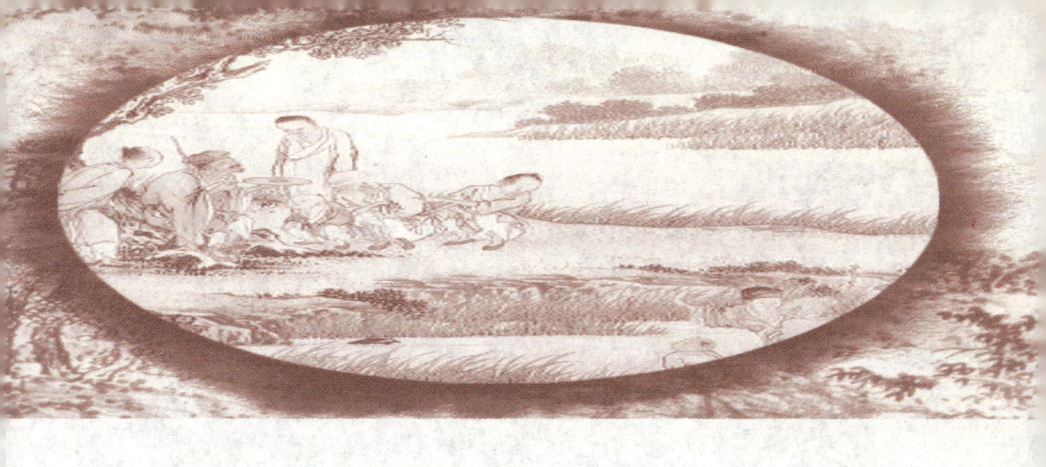

使·用·说·明

　　本书是供初中级汉语水平学习者阅读的文化课本，目的是使学习者在学习词汇和语言点、提高阅读水平的同时，加深对中国文化的了解。

　　本书涉及五种题材的中国古代故事，分为五个篇章，每章三个故事，共计十五个，结为一册。

　　每课课文各自然段前均标出序号，便于学生查找。课文的字数控制在一千字左右。每课生词数量控制在30个左右。

　　每课均有相关的文化背景知识和相关语言点的简要注释。

　　课文、生词、文化背景知识、语言点等均配有英文翻译。

　　课后练习参照HSK考试题型，根据本课出现的语言点进行设计，形式多样。习题的内容均与课文有关，目的在于加深学生的理解和记忆。

陕西师范大学国际汉学院

李　锦

Contents 目录

Shénhuà Chuánshuō Piān
神话传说篇　Stories of Legend

Pángǔ hé Nǚwā
1. 盘古 和 女娲 *2*
The Story of Pangu and Nüwa

Tàiyáng hé Yuèliang de Chuánshuō
2. 太阳 和 月亮 的 传说 *16*
The Legend of the Sun and the Moon

Shí'èr Shēngxiào de Láilì
3. 十二 生肖 的 来历 *30*
The Derivation of the 12 Animals of the Year

Yīngxióng Piān
英雄篇　Stories of Heroes

Jīngwèi Tián Hǎi
4. 精卫 填 海 *44*
Jingwei Bird Trying to Fill up the Sea

Huā Mùlán Tì Fù Cóngjūn
5. 花 木兰 替父 从军 *56*
Hua Mulan Joined the Army to Take Her Father's Place

Dàyǔ de Gùshi
6. 大禹的 故事 *69*
The Story of Yu the Great

Zhìhuì Piān

智慧篇 Stories of Wisdom

Cáo Chōng Chēng Xiàng
7. 曹冲称象 *84*
Cao Chong Weighs an Elephant

Sīmǎ Guāng Zá Gāng
8. 司马光砸缸 *98*
Sima Guang Smashing the Water Vat

Tián Jì Sài Mǎ
9. 田忌赛马 *110*
Tian Ji Goes Horse Racing

Àiqíng Piān

爱情篇 Stories of Love

Xǔ Xiān hé Bái Niángzǐ
10. 许仙和白娘子 *124*
The Love Story of Xu Xian and Madam White Snake

Liáng Shānbó yǔ Zhù Yīngtái
11. 梁山伯与祝英台 *138*
Liang Shanbo and Zhu Yingtai

Niúláng Zhīnǚ
12. 牛郎织女 *152*
The Cowherd and the Girl Weaver

Shǎoshù Mínzú Piān
少数民族篇 Stories of Ethnic Minorities

Cōngming de Lù Dōngzàn
13. 聪明的禄东赞 *168*
Clever Lu Dongzan

Měilì de Āshīmǎ
14. 美丽的阿诗玛 *181*
Beautiful Ashima

Yǒnggǎn de Hǎilìbù
15. 勇敢的海力布 *196*
Brave Hailibu

词汇总表 Vocabulary *211*
课后练习参考答案 Key to the Exercises *227*

读故事 学汉语

READ STORIES AND LEARN CHINESE

Shénhuà Chuánshuō Piān
神话 传说 篇
Stories of Legend

一　盘古和女娲

1. 很久以前，宇宙就像一个巨大的鸡蛋。"鸡蛋"里面有个叫盘古的人在睡觉。有一天他忽然醒了过来。他睁开眼睛一看，四周漆黑一片，什么都看不见。他就随手抓来一把大斧子，用力一劈，只听见一声巨响，大"鸡蛋"破了。比较轻的东西慢慢上升变成了天，比较重的东西缓缓下落变成了地。盘古担心它们再合起来，就头顶着天，脚踩着地。天越来越高，地越来越厚，盘古的个子也越长越高。最后，盘古用完了所有的力气，倒在地上死去了。

2. 死了以后，他嘴里呼出的气变成了风和云，声音变成了雷声，左眼变成了太阳，右眼变成了月亮，身体变成了高山，血液变成了江河，头发变成了星星，胡须变成了森林……

3. 就这样，伟大的盘古把自己的全部都给了这个新世界，使这个世界变得丰富多彩，更加美丽了。

4. 盘古开天辟地以后，世界上有很多的神仙。其中一个女神叫女娲。她觉得盘古的创造还不够完整，她想再创造出一些聪明美丽的生命。女娲用河边的泥巴按照自己的样子来捏泥人。她心灵手巧,不一会儿就捏好了很多的泥人。女娲朝着那些小泥人吹口气,那些小泥人就活了起来,变成了一群能走路、会说话、很聪明的小东西,女娲称他们为"人"。

5. 可是这样一个一个地捏很慢,也很费力。女娲很快想出了一个办法。她拿来一根绳子放在河里,绳子的下端就沾上了很多的泥水。接着,她提起绳子向地面上一挥,点点滴滴的泥落在地上,都变成了一个个小人儿。从此女娲的儿女们就在大地上幸福地生活着。

6. 有一年,水神共工把一座顶着天的大山撞倒了,半边天塌了下来,天上出了一个巨大的窟窿,大地也被震得多处破裂。到处都在着火,到处都是洪水,人们一下子陷入了灾难之中。

7. 女娲不忍心看自己的孩子受苦。她来到黄河边,挑选了许多五彩的石头,把这些石头放在炉子里熔化,再用这些熔化了的东西把天上的洞补起来。女娲不停地补啊补啊,九天九夜过去了,天空终于被补好了,太阳出来了,天边出现了五色云霞。现在雨过天晴后出现的彩虹,就是当年女娲用五彩石炼成的。

8. 天补好了,天空比以前更美丽、更灿烂。女娲高

兴地笑了。可是她还不放心，又从东海捉来一只巨龟，砍下它的四只脚，用它们来做柱子，分别竖在大地的四角，支撑住了天地的四方。就这样，大地上又出现了欢乐的气氛，人们更加幸福地生活着，直到今天。

（共计935字，建议阅读时间10分钟）

课文拼音

1. Pángǔ hé Nǚwā

1. Hěn jiǔ yǐqián, yǔzhòu jiù xiàng yí ge jùdà de jīdàn. "Jīdàn" lǐmian yǒu ge jiào Pángǔ de rén zài shuìjiào. Yǒu yì tiān tā hūrán xǐngle guolai. Tā zhēngkāi yǎnjing yí kàn, sìzhōu qīhēi yí piàn, shénme dōu kàn bu jiàn. Tā jiù suíshǒu zhuālái yì bǎ dà fǔzi, yònglì yì pī, zhǐ tīngjiàn yì shēng jù xiǎng, dà "jīdàn" pò le. Bǐjiào qīng de dōngxi mànmàn shàngshēng biànchéngle tiān, bǐjiào zhòng de dōngxi huǎnhuǎn xiàluò biànchéngle dì. Pángǔ dānxīn tāmen zài hé qilai, jiù tóu dǐngzhe tiān, jiǎo cǎizhe dì. Tiān yuè lái yuè gāo, dì yuè lái yuè hòu, Pángǔ de gèzi yě yuè zhǎng yuè gāo. Zuìhòu, Pángǔ yòngwánle suǒyǒu de lìqi, dǎo zài dì shang sǐqù le.

2. Sǐle yǐhòu, tā zuǐ li hūchū de qì biànchéngle fēng hé yún, shēngyīn biànchéngle léishēng, zuǒyǎn biànchéngle tàiyáng, yòuyǎn biànchéngle yuèliang, shēntǐ biànchéngle

gāoshān, xuèyè biànchéngle jiānghé, tóufa biànchéngle xīngxing, húxū biànchéngle sēnlín ...

3. Jiù zhèyàng, wěidà de Pángǔ bǎ zìjǐ de quánbù dōu gěile zhège xīn shìjiè, shǐ zhège shìjiè biàn de fēngfù duōcǎi, gèngjiā měilì le.

4. Pángǔ kāi tiān pì dì yǐhòu, shìjiè shang yǒu hěn duō de shénxiān. Qízhōng yí ge nǚshén jiào Nǚwā. Tā jué de Pángǔ de chuàngzào hái bú gòu wánzhěng, tā xiǎng zài chuàngzào chū yìxiē cōngming měilì de shēngmìng. Nǚwā yòng hé biān de níbā ànzhào zìjǐ de yàngzi lái niē nírén. Tā xīnlíng shǒuqiǎo, bù yíhuìr jiù niēhǎole hěn duō de nírén. Nǚwā cháozhe nàxiē xiǎo nírén chuī kǒu qì, nàxiē xiǎo nírén jiù huóle qilai, biànchéngle yì qún néng zǒulù, huì shuōhuà, hěn cōngming de xiǎo dōngxi, Nǚwā chēng tāmen wéi "rén".

5. Kěshì zhèyàng yí ge yí ge de niē hěn màn, yě hěn fèilì. Nǚwā hěn kuài xiǎngchūle yí ge bànfǎ. Tā nálái yì gēn shéngzi fàng zài hé li, shéngzi de xiàduān jiù zhānshàngle hěn duō de níshuǐ. Jiēzhe, tā tíqǐ shéngzi xiàng dìmiàn shang yì huī, diǎndiǎndīdī de ní luò zài dì shang, dōu biànchéngle yí ge ge xiǎo rénr. Cóngcǐ Nǚwā de érnǚmen jiù zài dàdì shang xìngfú de shēnghuózhe.

6. Yǒu yì nián, shuǐshén Gònggōng bǎ yí zuò dǐngzhe tiān de dàshān zhuàngdǎole, bàn biān tiān tāle xialai, tiānshang chūle yí ge jùdà de kūlong, dàdì yě bèi zhèn de duōchù pòliè. Dàochù dōu zài zháohuǒ, dàochù dōu shì hóngshuǐ, rénmen yíxiàzi xiànrùle zāinàn zhī zhōng.

7. Nǚwā bù rěnxīn kàn zìjǐ de háizi shòukǔ. Tā láidào Huáng Hé biān, tiāoxuǎnle xǔduō wǔcǎi de shítou, bǎ zhèxiē

· 5 · 盘古和女娲

shítou fàng zài lúzi li rónghuà, zài yòng zhèxiē rónghuàle de dōngxi bǎ tiānshang de dòng bǔ qilai. Nǚwā bùtíng de bǔ a bǔ a, jiǔ tiān jiǔ yè guòqule, tiānkōng zhōngyú bèi bǔhǎo le, tàiyáng chūlái le, tiān biān chūxiànle wǔsè yúnxiá. Xiànzài yǔguò tiānqíng hòu chūxiàn de cǎihóng, jiù shì dāngnián Nǚwā yòng wǔcǎi shí liànchéng de.

8. Tiān bǔhǎo le, tiānkōng bǐ yǐqián gèng měilì, gèng cànlàn. Nǚwā gāoxìng de xiào le. Kěshì tā hái bú fàngxīn, yòu cóng Dōng Hǎi zhuōlái yì zhī jù guī, kǎnxià tā de sì zhī jiǎo, yòng tāmen lái zuò zhùzi, fēnbié shù zài dàdì de sìjiǎo, zhīchēng zhù le tiāndì de sìfāng. Jiù zhèyàng, dàdì shang yòu chūxiànle huānlè de qìfēn, rénmen gèngjiā xìngfú de shēnghuózhe, zhídào jīntiān.

课文英译

1. The Story of Pangu and Nüwa

1. Long long ago, the universe was like a huge egg. A man named Pangu slept inside this "egg". One day he suddenly woke up. He opened his eyes and looked around, but it was pitch-dark all around — he could not see anything. He picked up a nearby ax, and swung it with all his strength. With a crack of thunder, the huge "egg" split. Lighter objects slowly rose up and became the sky, while the heavier ones gradually drifted down and became the earth. Pangu worried that they would join together again, so with his feet on the land, he propped up the sky with his head. The sky became higher

and higher, while the earth became thicker and thicker. At the same time, Pangu grew taller and taller. He eventually used up all his strength, collapsed, and died.

2. Just after he died, his breath became the wind and clouds, his voice the thunder, his left eye the sun and right eye the moon, his body the high mountains, blood the rivers, hair the stars, and beard the forests.

3. In this way, the great Pangu gave himself to this new world, enriching it and making it more beautiful than it was.

4. After Pangu created the world, more immortals came into being. Among them was a goddess named Nüwa. She thought the world created by Pangu was incomplete. She wanted to make more intelligent and beautiful life. She used the clay along the riverbank to mold clay figures after her own image. She was very clever with hands, and in no time at all had made many clay figures. Nüwa blew on them to give them life. They then became intelligent beings who could walk and speak. Nüwa named them "human".

5. However, making them one by one took too much time and energy. Nüwa quickly came up with an idea. She took a rope and dipped it into river, then the end of the rope became wet and covered with mud. Then she lifted the rope and twirling it around. Little drops of mud fell to the ground, each becoming a human being. Since then, the offspring of Nüwa had lived happily on earth.

6. One year, the God of Water Gonggong knocked over one of the mountains that were holding up the sky. Half of the sky collapsed, and a big hole appeared. The earth was also split apart by shock. There were fire and flood everywhere. All of a sudden, people on the earth were thrown into the middle of a disaster.

7. Nüwa could not bear to see her children suffering. She came to the bank of the Yellow River, and gathered a pile of colourful stones. She put the stones into an oven to melt them, and then used them to patch the holes in the sky. She continued doing this for 9 days and 9 nights, until the sky was finally patched up. The sun came out, and rosy clouds appeared on the horizon. People believed that the rainbow that appears in the sky after the rain is caused by those multi-colored stones.

8. The sky was patched up and it is brighter and more beautiful than before. Nüwa smiled happily. However, she was still slightly worried, so she caught a huge tortoise in the East Sea, cut off its four legs, and used them as pillars to hold up the sky. She placed them in the four corners of the sky, where they propped up its four sides. Since then, a joyful atmosphere returned to the earth, where human beings lived even more happily ever since then.

生词

1.	漆黑	qīhēi	(形)	pitch-dark
2.	斧子	fǔzi	(名)	axe
3.	劈	pī	(动)	to chop, to cleave, to split
4.	血液	xuèyè	(名)	blood
5.	丰富多彩	fēngfù duōcǎi		rich and colorful
6.	开天辟地	kāi tiān pì dì		creation of the world
7.	创造	chuàngzào	(动)	to create

8. 完整	wánzhěng	（形）	complete
9. 捏	niē	（动）	to knead with the fingers
10. 费力	fèilì	（动）	arduous, energy-exhausting
11. 下端	xiàduān	（名）	lower end
12. 窟窿	kūlong	（名）	hollow
13. 破裂	pòliè	（动）	to break
14. 陷入	xiànrù	（动）	to get into
15. 熔化	rónghuà	（动）	to melt
16. 补	bǔ	（动）	to repair
17. 云霞	yúnxiá	（名）	rosy clouds
18. 彩虹	cǎihóng	（名）	rainbow
19. 炼	liàn	（动）	to smelt
20. 柱子	zhùzi	（名）	pillar
21. 支撑	zhīchēng	（动）	to prop up

背景知识

1. 盘古：是中国上古神话传说中开天辟地的神。河南省泌阳县南有一座盘古山，传说此山是当年盘古开天辟地、创造万物的地方。

According to Chinese legend, Pangu is the creator of the universe in Chinese mythology. There is a mountain called Mount Pangu, about 15 kilometers south of Henan's Miyang County. It is said to be the place where Pangu created the world.

2. 女娲： 中国上古神话传说中的创世女神，用黄土仿照自己创造了人。女娲造人的另一种说法是，女娲和哥哥伏羲兄妹二人结合繁衍了人类。

According to Chinese legend, Nüwa is the goddess who brought life to the world, she created human beings using mud after her own look. Another version of this legend says Nüwa and her eldr brother Fuxi married and produced human being offspring.

3. 共工： 中国古代神话中的天神，据说是炎帝的后代。他发明了筑堤蓄水的办法，为发展农业生产做出了重要贡献。关于他的传说，几乎全与水有关，被称为"水神"。

Gonggong is a character in Chinese ancient mythology, who is said to be a descendant of Emperor Yan. He discovered how to build dams and store water, contributing to agricultural development. The legends about him are almost all about water, so he has been called the God of Water.

4. 黄河： 是中国第二大河，发源于青海巴颜喀拉山，中段流经黄土高原地区，支流带入大量泥沙，呈黄色，因而得名。黄河流域是中华民族的摇篮，被称做中国人的母亲河。

Rising in Bayanhar Mountains of Qinghai Province, the Yellow River is the second longest river in China. It flows past the Loess Plateau, where it collects large quantities of yellow soil, making the water yellow. Therefore, it is called the Yellow River. It is the cradle of Chinese civilization, and considered as the mother river of China.

注释

1. 睁开眼睛一看/用力一劈/提起绳子向地面上一挥

这里的"一"用在动词前面,表示动作的出现是快速、突然和彻底的。

Used before the verb, the "一" indicates that the action is sudden and speedy.

例如:听到后面有人叫我,我一回头,差点儿撞倒了他。
　　　他用力一踢,足球飞出去好远。
　　　小王仔细一听,是爸爸回来了。

2. 盘古担心他们再合起来/把天上的洞补起来

两句中的"起来"表示合拢,聚在一起的意思。

The "起来" in these two sentences means to fold, gather together.

例如:请帮我把礼物包起来。
　　　快把你的东西收起来,不要乱放。

3. 那些小泥人就活了起来

这个句子中的"起来"表示动作开始并继续的意思。

The "起来" in this sentence means the action begins and continues.

例如：他说了一个笑话，大家都笑了起来。
　　　听了朋友的话，他开始高兴起来。
　　　大家没听说这件事，所以讨论不起来。

练习

一、下面每个句子都有一个画线的词语，A、B、C、D四个答案是对这一画线词语的不同解释，请根据课文内容，选择最恰当的一种解释。

　　1. 他就随手抓来一把大斧子，用力一劈，只听见一声<u>巨</u>响，大"鸡蛋"破了。
　　　　A. 很大　　B. 很远　　C. 很多　　D. 很长

　　2. 接着，她提起绳子向地面上一<u>挥</u>，点点滴滴的泥落在地上，都变成了一个个小人儿。
　　　　A. 拽　　　B. 拉　　　C. 甩　　　D. 扔

　　3. 有一年，水神共工把一座顶着天的大山撞倒了，半边天<u>塌</u>了下来。
　　　　A. 掉落　　B. 倒塌　　C. 颠倒　　D. 垂下

二、请根据课文内容，在A、B、C、D四个答案中选择唯一正确的答案。

　　1. 盘古是一个_____。

A. 巨人　　　　　　　B. 矮人
C. 看不见的人　　　　D. 破坏者

2. 盘古个子越长越高是因为他_____。
   A. 想把天顶高　　　B. 怕天地合起来
   C. 力气很大　　　　D. 想让地变厚

3. 盘古倒在地上死了，_____。
   A. 没有留下任何东西
   B. 身体变成了各种各样的东西
   C. 身体变成了很多人　　D. 变成了神仙

4. 因为女娲觉得这个世界_____，她就开始按照自己的样子造人。
   A. 不够漂亮　　　　B. 很没意思
   C. 缺少什么　　　　D. 太大

5. 女娲觉得用绳子沾泥水这种方法_____。
   A. 很快很省力　　　B. 很快但不省力
   C. 省力但很脏　　　D. 快但很麻烦

6. 人们陷入灾难的根本原因是_____。
   A. 火灾　　　　　　B. 地震
   C. 顶天的山倒了　　D. 共工发洪水

7. 女娲补好了天，天比以前更漂亮是因为_____。
   A. 顶天的乌龟好看　　B. 补天的石头是五彩的
   C. 女娲补天用的时间长　D. 补好的天是新的

三、下面的句子中有一个或两个空儿，请根据课文的意思在 A、B、C、D 四个答案中选择唯一恰当的填上。

1. 女娲朝捏好的小人儿轻轻_____吹，小人儿都活了起来。
   A. 再   B. 一   C. 就   D. 得

2. 盘古创造了世界，女娲让世界变_____更美丽更完整。
   A. 得   B. 成   C. 的   D. 地

3. 如果女娲一个一个捏，那就很难在短时间内捏_____很多人来。
   A. 起   B. 出   C. 过   D. 到

4. 女娲砍了一只巨龟的腿，把天顶了_____。
   A. 起来   B. 过来   C. 上来   D. 出来

5. 女娲用五彩石把天补了_____。
   A. 过来   B. 出去   C. 起来   D. 出来

四、下面这段话中有若干个空儿，请根据上下文的意思在每个空格中填写一个恰当的汉字。

盘古开天辟地的故_____是中国最著名的神话之一，它反映了古人对世_____起源的认识。人们不只关心世界是从哪_____来的，还对人类自_____是怎么来的很感兴趣。女娲造人补天就是一个关_____人类起源的神话。这两个神话对中国人的影响是非_____大的。

试试看

请讲讲你们国家关于世界和人类起源的传说，比较一下儿和中国的故事有什么不同。

二　太阳和月亮的传说

1. 很久很久以前，天上有十个太阳。他们是天帝的儿子。天帝让他们每天轮流去天上，今天是老大，明天是老二，后天是老三……每天公鸡一叫，他们中轮到的那个就到天上去，到了傍晚再回家休息。人们都感谢太阳给人间带来了温暖和光明。

2. 到了尧帝的时候，有一天，一个太阳说："咱们十天才能去一次天上，多没意思呀。不如一起到天上去玩儿个痛快。"

3. 第二天，十个太阳都跑到了天上。这样一来森林着火了，河流的水干了，庄稼也被晒死了。人们几乎无法生存下去了。尧帝非常担心，他肯求天帝帮助人们。天帝叫来后羿，给他一张神弓和十支神箭，让他去吓唬一下儿那十个顽皮的太阳。

4. 后羿来到人间就马上批评太阳说："天帝让你们回去，不要一起出来玩儿，不然我就把你们射下来。"说着后羿拉开弓准备射箭。可是十个太阳一点儿也不害怕，照样玩儿个不停。后羿就对准其中一个太阳，一箭就把他射了下来。其他的太阳还是不理后羿，后羿就一支接一支地把箭射向太阳,太阳也一个接一个地掉了下来。

5. 尧帝突然想到,如果没有太阳,人类和万物都无法生存,他急忙把后羿的箭拿走了一支。这样天上就只剩下了一个太阳。从此他每天都东升西落,认真做好自己的工作,再也不敢和人们捣乱了。

6. 后羿为人们立下了功劳,大家都很尊敬他,也有很多人想向他学习射箭的功夫。有一个叫逢蒙的坏人也混了进来。

7. 一天,后羿在昆仑山遇到了从这里经过的王母娘娘,王母娘娘给了他一包长生药。据说,吃了这药就能立刻升天变成神仙。后羿舍不得离开美丽善良的妻子嫦娥,就把长生药交给她保管。嫦娥把药藏在一个盒子里,没想到被逢蒙看到了。

8. 三天后,后羿带所有的徒弟出去练习射箭,逢蒙假装生病,留了下来。后羿一走,他就逼嫦娥把长生药拿出来。嫦娥知道自己不是逢蒙的对手,危急之时她转身打开盒子,拿出长生药一口吞了下去。嫦娥吞下药,身子立刻变轻了,她慢慢地飘了起来,向天上飞去。因为心里还牵挂着丈夫,她就飞到离人间最近的月亮上当了神仙。

9. 傍晚,后羿回到家知道了白天发生的事。他非常悲痛,仰头望着夜空,呼唤着爱妻的名字。这时他惊奇

太阳和月亮的传说

地发现，今天的月亮格外明亮，而且里面有个晃动的身影很像嫦娥。后羿急忙到嫦娥喜爱的花园里摆上桌子，放上她平时最爱吃的食物和水果，希望用这种方式来表达自己对爱人的思念之情。

10. 人们知道嫦娥奔月成仙的消息后，也纷纷在月下摆设各种东西，向善良的嫦娥祈求吉祥平安。从此，中秋节拜月的风俗就在民间传开了。

（共计1019字，建议阅读时间11分钟）

课文拼音

2. Tàiyáng hé Yuèliang de Chuánshuō

1. Hěn jiǔ hěn jiǔ yǐqián, tiānshang yǒu shí ge tàiyáng. Tāmen shì Tiāndì de érzi. Tiāndì ràng tāmen měi tiān lúnliú qù tiānshang, jīntiān shì lǎodà, míngtiān shì lǎo'èr, hòutiān shì lǎosān ... Měi tiān gōngjī yí jiào, tāmen zhōng lúndào de nàge jiù dào tiānshang qù, dàole bàngwǎn zài huíjiā xiūxi. Rénmen dōu gǎnxiè tàiyáng gěi rénjiān dàiláile wēnnuǎn hé guāngmíng.

2. Dàole Yáo Dì de shíhou, yǒu yì tiān, yí ge tàiyáng shuō:"Zánmen shí tiān cái néng qù yí cì tiānshang, duō méi yìsi ya. Bùrú yìqǐ dào tiānshang qù wánr ge tòngkuai."

3. Dì'èr tiān, shí ge tàiyáng dōu pǎodàole tiānshang. Zhèyàng yìlái sēnlín zháohuǒ le, héliú de shuǐ gān le, zhuāngjia yě bèi shàisǐ le. Rénmen jīhū wúfǎ shēngcún xiaqu le. Yáo Dì fēicháng dānxīn, tā kěnqiú Tiāndì bāngzhù rénmen. Tiāndì jiàolái Hòuyì, gěi tā yì zhāng shéngōng hé shí zhī shénjiàn, ràng tā qù xiàhu yíxiàr nà shí ge wánpí de tàiyáng.

4. Hòuyì lái dào rénjiān jiù mǎshàng pīpíng tàiyáng shuō:"Tiāndì ràng nǐmen huíqu, búyào yìqǐ chūlai wánr, bùrán wǒ jiù bǎ nǐmen shè xialai." Shuōzhe Hòuyì lākāi gōng zhǔnbèi shèjiàn. Kěshì shí ge tàiyáng yìdiǎnr yě bú hàipà, zhàoyàng wánr ge bùtíng. Hòuyì jiù duìzhǔn qízhōng yí ge tàiyáng, yí jiàn jiù bǎ tā shèle xialai. Qítā de tàiyáng háishi bù lǐ Hòuyì, Hòuyì jiù yì zhī jiē yì zhī de bǎ jiàn shè xiàng tàiyáng, tàiyáng yě yí ge jiē yí ge de diàole xialai.

5. Yáo Dì tūrán xiǎngdào, rúguǒ méiyǒu tàiyáng, rénlèi hé wànwù dōu wúfǎ shēngcún, tā jímáng bǎ Hòuyì de jiàn názǒule yì zhī. Zhèyàng tiānshang jiù zhǐ shèngxiàle yí ge tàiyáng. Cóngcǐ tā měi tiān dōu dōng shēng xī luò, rènzhēn zuòhǎo zìjǐ de gōngzuò, zài yě bù gǎn hé rénmen dǎoluàn le.

6. Hòuyì wèi rénmen lìxiàle gōngláo, dàjiā dōu hěn zūnjìng tā, yě yǒu hěn duō rén xiǎng xiàng tā xuéxí shèjiàn de gōngfu. Yǒu yí ge jiào Féng Méng de huàirén yě hùnle jinlai.

7. Yì tiān, Hòuyì zài Kūnlún Shān yùdàole cóng zhèli jīngguò de Wángmǔ Niángniang, Wángmǔ Niángniang gěile tā yì bāo chángshēng yào. Jùshuō, chīle zhè yào jiù néng lìkè shēngtiān biànchéng shénxiān. Hòuyì shěbudé líkāi měilì shànliáng de qīzi Cháng'é, jiù bǎ chángshēng yào jiāo gěi tā bǎoguǎn. Cháng'é bǎ yào cáng zài yí ge hézi li, méi xiǎngdào bèi Féng Méng kàndào le.

8. Sān tiān hòu, Hòuyì dài suǒyǒu de túdì chūqu liànxí shèjiàn, Féng Méng jiǎzhuāng shēngbìng, liúle xialai. Hòuyì yì zǒu, tā jiù bī Cháng'é bǎ chángshēng yào ná chulai. Cháng'é zhīdào zìjǐ bú shì Féng Méng de duìshǒu, wēijí zhī shí tā zhuǎnshēn dǎkāi hézi, náchū chángshēng yào yì kǒu tūnle xiaqu. Cháng'é tūnxià yào, shēnzi lìkè biànqīng le, tā mànmàn de piāole qilai, xiàng tiānshang fēiqu. Yīnwèi xīnli hái qiānguàzhe zhàngfu, tā jiù fēidào lí rénjiān zuì jìn de yuèliang shang dāngle shénxiān.

9. Bàngwǎn, Hòuyì huídào jiā zhīdàole báitiān fāshēng de shì. Tā fēicháng bēitòng, yǎng tóu wàngzhe yèkōng, hūhuànzhe àiqī de míngzi. Zhèshí tā jīngqí de fāxiàn, jīntiān de yuèliang géwài míngliàng, érqiě lǐmian yǒu ge huàngdòng de shēnyǐng hěn xiàng Cháng'é. Hòuyì jímáng dào Cháng'é xǐ'ài de huāyuán li bǎi shang zhuōzi, fàngshang tā píngshí zuì ài chī de shíwù hé shuǐguǒ, xīwàng yòng zhè zhǒng fāngshì lái biǎodá zìjǐ duì àiren de sīniàn zhī qíng.

10. Rénmen zhīdào Cháng'é bèn yuè chéng xiān de xiāoxi hòu, yě fēnfēn zài yuè xià bǎishè gèzhǒng dōngxi, xiàng shànliáng de Cháng'é qíqiú jíxiáng píng'ān. Cóngcǐ,

Zhōngqiū Jié bài yuè de fēngsú jiù zài mínjiān chuánkāi le.

课文英译

2. The Legend of the Sun and the Moon

1. Long long ago, there were 10 suns in the sky. They were the sons of the Celestial Ruler. Their father sent them in turn into the sky every day—today the eldest, tomorrow the second son, the day after tomorrow the third son, etc. Every morning, as soon as the cock crowed, the sun whose turn it was that day went up into the sky, and went down back home in the evening. The people on earth were thankful to the suns, which brought them warmth and light.

2. One day during the time of Emperor Yao, one of the 10 suns said, "We can only go up into the sky once every 10 days. It's so boring! Why don't we go together for a day and have a bit of fun?"

3. The next day, the 10 suns went up together. By this way the forests caught fire, rivers were dried up, and crops withered. People were also dying. Emperor Yao was very worried about this, and begged the Celestial Ruler to help the people. The Celestial Ruler invited Houyi, giving him a magic bow with ten magic arrows, and sent him to frighten off the 10 disobedient suns.

4. When he arrived in the world of men, Houyi immediately rebuked the suns, "Your father orders you to return, and not to come out together, or I will have to shoot you down." Houyi pulled his bow and were ready to shoot, but none of the suns were afraid and continued as before. Houyi aimed at one of the suns and shot it down.

However, the other suns still did not pay him any heed. Houyi shot arrow after arrow at the suns, shooting them down one by one.

5. Emperor Yao suddenly realised that if there was no sun, everything would die. He quickly took one of Houyi's arrows away, thus leaving only one sun. Every day it rises in the east and sets in the west, working diligently and not daring to make trouble for people again.

6. Because of his great deed for the world, Houyi was greatly respected, and many people wanted him to teach them archery. Among these people was a wicked man called Peng Meng.

7. One day on Kunlun Mountains, Houyi met the Queen Mother of the Western Heavens, who gave him a potion that would allow him to live forever. It is said that whoever takes this potion would immediately ascend to heaven and become an immortal being. However, Houyi could not bear to be parted from his beautiful and kind-hearted wife Chang'e, and so he gave the potion to his wife and let her keep it. Chang'e placed it in a box. Unknown to her, this was seen by Peng Meng.

8. Three days later, when Houyi took his students to practice archery, Peng Meng pretended to be sick and stayed behind. As soon as Houyi left, he forced Chang'e to bring out the potion. Chang'e knew that she was no match for Peng Meng, and so she quickly opened the box, grabbed the potion, and drank it all herself. As soon as she had swallowed the potion, her body became lighter and lighter, and she started to slowly float up into the sky. Since she did not want to be too far from her husband, she flew to the place nearest the world of men, the moon, and became a fairy.

9. When Houyi returned in the evening and found out what had

happened during the day, he grieved bitterly. He shouted his beloved wife's name into the night sky. Then he noticed with surprise that not only was the moon unusually bright that night, but there was also a flickering silhouette in the moon that closely resembled Chang'e. Houyi hastily moved a table into her most favored garden, and put her favorite food and fruits on it. He used this method to commemorate his wife and his love for her.

10. When others heard what had happened, they also prepared all kinds of things, and prayed to the kind-hearted Chang'e for fortune and peace. From then on, the tradition of the Mid-Autumn Festival has been followed.

生词

1.	轮流	lúnliú	（动）	to do something in turn
2.	庄稼	zhuāngjia	（名）	crop
3.	生存	shēngcún	（动）	to subsist, to exist, to live
4.	吓唬	xiàhu	（动）	to frighten, to scare
5.	顽皮	wánpí	（形）	mischievous, naughty
6.	捣乱	dǎoluàn	（动）	to make trouble
7.	功劳	gōngláo	（名）	credit
8.	混	hùn	（动）	to get along with
9.	保管	bǎoguǎn	（动）	to take care of
10.	藏	cáng	（动）	to hide
11.	对手	duìshǒu	（名）	rival, opponent
12.	危急	wēijí	（形）	in imminent danger
13.	牵挂	qiānguà	（动）	to worry

14. 悲痛	bēitòng	(形)	grieved, sorrowful
15. 呼唤	hūhuàn	(动)	to call, to shout to
16. 格外	géwài	(副)	especially
17. 晃动	huàngdòng	(动)	to shake
18. 方式	fāngshì	(名)	manner, way
19. 摆设	bǎishè	(动)	to place
20. 祈求	qíqiú	(动)	to pray, to impetrate

背景知识

1. 天帝：即帝俊，是中国神话传说中地位最高的神，十个太阳是他和妻子羲和所生。

Celestial Ruler, i.e. Emperor Jun, is the highest god of Chinese tradition. The 10 suns are the offspring of him and his wife, Xi.

2. 尧帝：中国远古时代的部落首领，深受百姓的爱戴。后战胜其他部落成为领袖，是中国第一位帝王。

Emperor Yao was a tribal chief in the remote ages, and was much loved by his people. Later he defeated the other tribes and became the first emperor of China.

3. 昆仑山：在青海省境内，风景独特，山峰高耸挺拔。古代中国人认为是世界的边缘，很多古代神话对昆仑山都有描写。

Kunlun Mountains, located in Qinghai Province, has a tall, straight peak and a unique landscape. It was considered to be the edge of the world in ancient times, and many myths and legends contain reference to it.

4. 王母娘娘：也叫"西王母"，传说她是昆仑山的女神，长着人头豹身，由两只青鸟陪伴侍奉。

According to the legend, Queen Mother of the Western Heavens, also called Queen Mother of the West, was the goddess of Kunlun Mountains. She had the head of a human and body of a leopard. Two blue birds messengers accompanied her.

5. 中秋节：在农历八月十五，因为这一天是秋季的正中，所以叫做"中秋"。它是中国传统的家人团圆的节日，有吃月饼和拜月的习俗。

The Mid-Autumn Festival occurs on the 15th day of the 8th month according to lunar calendar. This day is in the middle of the autumn, and so the festival is called "Mid-Autumn". It is a traditional festival when Chinese families get together, eat mooncakes, and worship the moon.

注释

1. 天帝让你们回去，不要一起出来玩儿，**不然**我就把你们射下来。

   "不然"意思是如果不这样，放在表示结果和结论的句子前面。相当于"要不然、要不"，后二者口语里更常用。

   "不然" means "or else". It is always placed before a sentence showing result or conclusion. It can be replaced by "要不然" or "要不". The latter two are usually used in oral Chinese.

   例如：你该给妈妈打个电话了，不然（要不然、要不）她会不放心的。

   我们赶快走吧，不然（要不然、要不）要迟到了。

2. 可是十个太阳**一点儿**也不害怕，照样玩儿个不停。

   "一点儿"用在"不、没"的前面，表示完全否定。在"一点儿"和"不、没"之间可插入"也、都"。

   "一点儿" is used before "不" or "没". It indicates a complete negation. We can insert "也" or "都" between them.

   例如：你说的一点儿也不对。

   这家饭店的菜一点儿都不贵。

   快考试了，可是我一点儿都没复习。

练习

一、请根据课文内容在 A、B、C、D 四个答案中选择唯一正确的答案。

1. 第 1 段中画线的词语"那个"指的是_____。
   A. 太阳　　　B. 老四　　　C. 公鸡　　　D. 天帝

2. 十个太阳觉得_____。
   A. 轮流到天上很好　　　B. 一起到天上没有意思
   C. 轮流到天上很没意思　D. 一起上天不够痛快

3. 十个太阳一起上天人们感到_____。
   A. 很特别　　　B. 很痛苦
   C. 很有趣　　　D. 很无聊

4. 后羿一箭就把一个太阳射了下来，说明_____。
   A. 太阳很容易射　　　B. 后羿射箭的技术很好
   C. 后羿很讨厌太阳　　D. 太阳很听后羿的话

5. 后羿不吃长生药是因为_____。
   A. 舍不得离开他的妻子　B. 他还有很多事情要做
   C. 人间的生活更有意思　D. 他觉得当神仙太寂寞

6. 根据课文，"拜月"的意思是_____。
   A. 在月亮下摆上嫦娥爱吃的东西
   B. 欣赏美丽的月亮
   C. 在月亮下摆上东西并向月神祈祷
   D. 吃东西并赏月

二、请根据课文内容判断下列句子的正误。

    1. 天帝给后羿弓箭是希望他把太阳射下来。（　　）
    2. 后羿发现人间不能没有太阳，所以留下了一个。
                                                      （　　）
    3. 长生药只能让一个人变成神仙。（　　）
    4. 嫦娥觉得当神仙很好，就偷吃了长生药。（　　）
    5. 逢蒙想当神仙，所以就假装生病没有出去。（　　）

三、下面的句子中有一个或两个空儿，请根据课文的意思在A、B、C、D四个答案中选择唯一恰当的填上。

    1. 后羿射下来了九个太阳，_____人们就无法生存了。
       A. 如果　　　B. 要是　　　C. 要不　　　D. 否定

    2. 尧帝拿走了一支箭，_____天上就剩下了一个太阳。
       A. 终于　　　B. 结束　　　C. 因此　　　D. 因为

    3. 后羿_____也没发现逢蒙是个坏人。
       A. 有点儿　　B. 有些　　　C. 一点儿　　D. 毫不

    4. 嫦娥看到逢蒙要抢长生药，就_____吞下了长生药。
       A. 快　　　　B. 赶快　　　C. 着急　　　D. 连

四、下面这段文字中有若干个空儿（空儿中标有题目序号），请根据课文的意思在A、B、C、D四个答案中选择唯一恰当的词语。

    后羿是一个神箭手，他射____1____了九个太阳，____2____人们都很感谢他，____3____很尊敬他。他得

_____4_____了能够让人当神仙的长生药，_____5_____他并没有吃。他的妻子嫦娥_____6_____不让坏人得到长生药_____7_____自己吞了药，变成了神仙，_____8_____也不能回到人间了。后来，人们就_____9_____拜月的方式来纪念她，拜月_____10_____成了中秋节的习俗。

1. A. 出　　　　B. 下　　　　C. 来　　　　D. 去
2. A. 所以　　　B. 为了　　　C. 虽然　　　D. 但是
3. A. 既　　　　B. 既然　　　C. 也　　　　D. 又是
4. A. 来　　　　B. 取　　　　C. 到　　　　D. 倒
5. A. 然　　　　B. 但　　　　C. 也　　　　D. 就
6. A. 想　　　　B. 希望　　　C. 担心　　　D. 为了
7. A. 再　　　　B. 就　　　　C. 后　　　　D. 又
8. A. 从来　　　B. 从前　　　C. 又　　　　D. 再
9. A. 用　　　　B. 拿来　　　C. 使　　　　D. 使用
10. A. 还是　　　B. 仍然　　　C. 也　　　　D. 都

试试看

你们国家的神话传说中都有哪些神仙？他们有什么特点？

三　十二生肖的来历

1. 中国很早以前就用十二种动物来循环记年。鼠年出生的人就属鼠，牛年生的就属牛。大家一定很奇怪，为什么小小的老鼠排在十二生肖的第一名呢？为什么十二生肖里没有猫呢？这里有一个很有趣的故事。

2. 很久以前，人们觉得用动物来记录年份既有趣又好记，就选定一个日子让天下所有的动物自愿报名，最先报名的十二种动物就作为生肖。

3. 猫和老鼠原来是邻居，又是最亲密的伙伴，它们都觉得当生肖挺有意思，都想去报名。报名的前一天，猫对老鼠说："咱们明天早晨起来去报名，可是我有睡懒觉的毛病，明早要是起不来怎么办？"老鼠拍着胸膛说："没事，放心吧，有我呢。你尽管睡，我醒得早，到时候我来叫你，咱们一起去报名不就行了？"猫听了很高兴，晚上就很放心地睡着了。

4. 老鼠躺在床上很兴奋，总是睡不着。老鼠想：反正睡不着，干脆起来出发吧。它爬起来摸黑上路了，竟然忘了把猫叫醒。

5. 老鼠起得早，没想到牛也起得很早。它们两个一块儿走着。牛腿长个子大，走得快，老鼠腿短个头儿小，他使出了吃奶的劲儿也跟不上牛的速度。老鼠着急了：我起得这么早，第一名却白白让老牛抢走，我可不甘心。

6. 它想啊想，想出来个歪主意。它对牛说："牛哥哥，走路累了吧？我来唱首歌给你听，解解乏好吗？"牛说："好啊。你唱吧。我最喜欢听歌了。

7. "咦，你怎么不唱啊？"

8. "我在唱啊。你怎么听不见？哦，可能是我的声音太小了。这样吧，你让我骑在你的脖子上唱，你就能听见了。"

9. 老实的老牛哪里知道老鼠的阴谋诡计，就很痛快地答应了。老鼠高兴地爬到牛脖子上让老牛背着它走，这下真是舒服多了。

10. 老鼠很得意，搂着牛脖子高兴地唱起歌来："牛哥哥，最聪明，肯定能得第一名。"牛听了很开心，一口气跑到报名的地方。牛往四周一看，谁也没来，就高兴地喊起来："噢，太好了，我是第一名，我是第一名喽！"可它话还没说完，老鼠放开牛脖子往下一跳，一下子就跑到牛前面去了。

11. 就这样，狡猾的老鼠就成了第一名，老牛只能是第二名。过了一会儿，老虎来了，排在了第三名。然后兔子、龙、蛇、马、羊、猴子、鸡、狗和猪都陆续来了。

大家知道老鼠排了第一名都很吃惊。

12. 老鼠得了第一名，大摇大摆地回家了，那只懒猫还在呼呼大睡呢。猫没去报名，当然也就没机会当生肖。猫很生气，以后一见老鼠就咬，晚上也再不睡觉了。一直到现在猫都是这样。

（共计976字，建议阅读时间10分钟）

课文拼音

3. Shí'èr Shēngxiào de Láilì

1. Zhōngguó hěn zǎo yǐqián jiù yòng shí'èr zhǒng dòngwù lái xúnhuán jì nián. Shǔ nián chūshēng de rén jiù shǔ shǔ, niú nián shēng de jiù shǔ niú. Dàjiā yídìng hěn qíguài, wèishénme xiǎoxiǎo de lǎoshǔ pái zài shí'èr shēngxiào de dìyī míng ne? Wèishénme shí'èr shēngxiào li méiyǒu māo ne? Zhèli yǒu yí ge hěn yǒuqù de gùshi.

2. Hěn jiǔ yǐqián, rénmen juéde yòng dòngwù lái jìlù niánfèn jì yǒuqù yòu hǎo jì, jiù xuǎndìng yí ge rìzi ràng tiānxià suǒyǒu de dòngwù zìyuàn bàomíng, zuì xiān bàomíng de shí'èr zhǒng dòngwù jiù zuòwéi shēngxiào.

3. Māo hé lǎoshǔ yuánlái shì línjū, yòu shì zuì qīnmì de huǒbàn, tāmen dōu juéde dāng shēngxiào tǐng yǒu yìsi, dōu xiǎng qù bàomíng. Bàomíng de qián yì tiān, māo duì lǎoshǔ shuō: "Zánmen míngtiān zǎochén qǐlai qù bàomíng, kěshì wǒ

yǒu shuì lǎnjiào de máobìng, míngzǎo yàoshi qǐ bu lái zěnme bàn?" Lǎoshǔ pāizhe xiōngtáng shuō："Méi shì, fàngxīn ba, yǒu wǒ ne. Nǐ jǐnguǎn shuì, wǒ xǐng de zǎo, dào shíhou wǒ lái jiào nǐ, zánmen yìqǐ qù bàomíng bú jiù xíng le?" Māo tīngle hěn gāoxìng, wǎnshang jiù hěn fàngxīn de shuìzháo le.

4. Lǎoshǔ tǎng zài chuáng shang hěn xīngfèn, zǒngshì shuì bu zháo. Lǎoshǔ xiǎng：fǎnzhèng shuì bu zháo, gāncuì qǐlai chūfā ba. Tā pá qǐlai mōhēi shànglù le, jìngrán wàngle bǎ māo jiàoxǐng.

5. Lǎoshǔ qǐ de zǎo, méi xiǎngdào niú yě qǐ de hěn zǎo. Tāmen liǎng ge yíkuàir zǒuzhe. Niú tuǐ cháng gèzi dà, zǒu de kuài, lǎoshǔ tuǐ duǎn gètóur xiǎo, tā shǐchūle chī nǎi de jìnr yě gēn bu shàng niú de sùdù. Lǎoshǔ zháojí le：wǒ qǐ de zhème zǎo, dìyī míng què báibái ràng lǎoniú qiǎngzǒu, wǒ kě bù gānxīn.

6. Tā xiǎng a xiǎng, xiǎng chulai gè wāi zhǔyi. Tā duì niú shuō："Niú gēge, zǒulù lèile ba? Wǒ lái chàng shǒu gē gěi nǐ tīng, jiějie fá hǎo ma?" Niú shuō：" Hǎo a. Nǐ chàng ba. Wǒ zuì xǐhuan tīng gē le."

7. "Yí, nǐ zěnme bú chàng a?"

8. "Wǒ zài chàng a. Nǐ zěnme tīng bu jiàn? Ò, kěnéng shì wǒ de shēngyīn tài xiǎo le. Zhèyàng ba, nǐ ràng wǒ qí zài nǐ de bózi shang chàng, nǐ jiù néng tīngjiàn le."

9. Lǎoshi de lǎoniú nǎli zhīdào lǎoshǔ de yīnmóu guǐjì, jiù hěn tòngkuai de dāying le. Lǎoshǔ gāoxìng de pá dào niú bózi shang ràng lǎoniú bēizhe tā zǒu, zhè xià zhēn shì shūfu duō le.

10. Lǎoshǔ hěn déyì, lǒuzhe niú bózi gāoxìng de chàng qǐ

gē lai: "Niú gēge, zuì cōngming, kěndìng néng dé dìyī míng." Niú tīngle hěn kāixīn, yìkǒuqì pǎo dào bàomíng de dìfang. Niú wǎng sìzhōu yí kàn, shuí yě méi lái, jiù gāoxìng de hǎn qǐlai: "Ò, tài hǎo le, wǒ shì dìyī míng, wǒ shì dìyī míng lou!" Kě tā huà hái méi shuō wán, lǎoshǔ fàngkāi niú bózi wǎng xià yí tiào, yíxiàzi jiù pǎo dào niú qiánmian qù le.

11. Jiù zhèyàng, jiǎohuá de lǎoshǔ jiù chéngle dìyī míng, lǎoniú zhǐ néng shì dì'èr míng. Guòle yíhuìr, lǎohǔ láile, pái zàile dìsān míng. Ránhòu tùzi, lóng, shé, mǎ, yáng, hóuzi, jī, gǒu hé zhū dōu lùxù lái le. Dàjiā zhīdào lǎoshǔ páile dìyī míng dōu hěn chījīng.

12. Lǎoshǔ déle dìyī míng, dà yáo dà bǎi de huíjiā le, nà zhī lǎn māo hái zài hūhū dà shuì ne. Māo méi qù bàomíng, dāngrán yě jiù méi jīhuì dāng shēngxiào. Māo hěn shēngqì, yǐhòu yí jiàn lǎoshǔ jiù yǎo, wǎnshang yě zài bú shuìjiào le. yìzhí dào xiànzài māo dōu shì zhèyàng.

课文英译

3. The Derivation of the 12 Animals of the Year

1. In China, 12 kinds of animals have been used to record the years for a very long time. For example, we can say that a person was born in the year of the rat, or was born in the year of ox. You must be wondering why the little rat is first of the 12 animals. And why is there no cat among these 12 animals? This has an interesting story behind it.

2. Long long ago, people thought that it would be interesting and convenient to use animals to record the years, and so they fixed a date for all the animals to come and volunteer. The first 12 animals would be chosen as the symbols of the year.

3. Originally, the rat and the cat were good friends and neighbors. They thought it would be very interesting to be one of the 12 symbols, and wanted to volunteer. The day before the set date, the cat said to the rat, "Let's go tomorrow morning and enter our names for it. However, I often sleep in. What if I can't get up in the morning?" The rat patted his chest and said, "Don't worry! You have me. I'll get up early and call you when it's time. Then we can go together." The cat was pleased with this arrangement, and that evening went to bed with peace of mind.

4. That night the rat lay awake on his bed, too excited to sleep. He decided that as he couldn't sleep, he might as well get up and go right away. So he got up and set out, forgetting to wake up the cat.

5. The rat was surprised to see that the ox had also risen very early. They met on the road and continued on together. The ox, with its large body and long legs, walked much faster than the little short-legged rat. No matter how hard he tried, the rat just couldn't keep up with the ox. He thought anxiously, "I got up so early! It will have all been for nothing if I let this ox be the first one!"

6. The rat thought about this for a while, and eventually came up with a devious plan. He said to the ox, "Friend, you must be tired! Shall I sing you a song to help you relax?" "Of course, go ahead. I like listening to music very much."

7. "Hey? Why aren't you singing?"

8. "I'm singing. How can you not hear me? Oh, perhaps my voice is too small. How about you let me ride on your neck while I sing? You'll be able to hear that way."

9. How was the honest ox to know about the rat's plot! Unsuspectingly, he happily agreed to the rat's proposition. The rat gleefully climbed onto the ox's neck, much more comfortable than before.

10. The rat was very pleased with himself. Holding onto the ox's neck, he started singing, "Brother ox, smartest one, you will surely be number one!" Hearing this, the ox was very pleased, and ran the rest of the way without a rest. The ox looked around, and seeing no one else had yet arrived, happily shouted, "Yes! I'm the first one! I'm the first one!" But before the ox had finished speaking, the rat jumped down off the ox and ran ahead of him.

11. So, the sly rat became the first of the 12 animals, with the ox having to take number two. Before long, the tiger arrived, taking the third position. Then, one after another, there came the hare, dragon, snake, horse, sheep, monkey, cock, dog, and pig. All were amazed to see the rat had come first.

12. The rat swaggered home, where the lazy cat was still soundly asleep. The cat had not gone to sign his name up, and so missed the opportunity to become one of the symbols. He was very angry, and since then has chased the rat whenever he sees it, and no longer sleeps at night.

生词

1. 来历	láilì	(名)	derivation
2. 循环	xúnhuán	(动)	to circulate
3. 属	shǔ	(动)	to be born in the year of (one of the twelve animals)
4. 自愿	zìyuàn	(动)	to volunteer
5. 亲密	qīnmì	(形)	close, intimate
6. 胸膛	xiōngtáng	(名)	chest
7. 兴奋	xīngfèn	(形)	excited
8. 干脆	gāncuì	(副)	directly, simply
9. 摸黑	mōhēi	(动)	to go in the dark
10. 白白	báibái	(副)	in vain
11. 甘心	gānxīn	(动)	to be reconciled to
12. 歪	wāi	(形)	unethical; improper; evil
13. 解乏	jiěfá	(动)	to recover from fatigue
14. 阴谋诡计	yīnmóu guǐjì		machination, intrigue and plot
15. 痛快	tòngkuai	(形)	happy, joyful, delighted
16. 搂	lǒu	(动)	to hold in one's arms
17. 狡猾	jiǎohuá	(形)	crafty
18. 陆续	lùxù	(副)	one after another
19. 大摇大摆	dà yáo dà bǎi		swagger

· 37 · 十二生肖的来历

背景知识

　　生肖：又叫"属相"，本是用于纪年的一套符号，是古代天文历法的一部分，后来成了民间信仰的一部分。生肖信仰中非常重要的一部分是本命年的观念。一个人出生的那年是农历什么年，那么以后每到这一属相年便是此人的本命年。

　　The animals of the Chinese zodiac were originally symbols used to count the years in the Chinese calendar, as well a part of ancient astronomy. They have since become part of the belief system of the Chinese people. A very important part of this belief is the ideology of the year of one's animal sign. When a year with the same sign as the year in which a person was born in arrives, that person has met the year of his animal sign.

注释

1. 人们觉得用动物来记录年份既有趣又好记。

　　"既……又……"表示同时具有两个以上的性质或情况，可连接动词或形容词，一般结构和音节数是相同的。

　　"既……又……" means "both...and", and connects two qualities. It can connect two verbs or adjectives, which usually have the same structure and number of syllables.

例如：这个女孩子既漂亮又善良。

你应该既会学习又会休息。

2. 反正睡不着，干脆起来出发吧。

这个句子中的"反正"用于指明情况或原因，意思和"既然"接近，但语气较强。多用于动词词组或主语前。

The word "反正" indicate a reason or situation, and is similar with "既然". However, its emphasis is stronger, and is usually used before the verb phrase or the subject.

例如：反正路不远，我们就别坐车了。

反正我要去邮局，顺便帮你把信寄了吧。

"反正"还可以用于强调在任何情况下都不改变结论或结果，前面常有"无论、不管"或表示正反两种情况的词语，多用于主语前。

"反正" can also be used to emphasize a conclusion or result that cannot be changed in any situations. It usually follows "无论"、"不管", and is often put before the subject of the sentence.

例如：不管你信不信，反正我不信。

不管他怎么说，反正我就是要去。

3. 老实的老牛哪里知道老鼠的阴谋诡计，就很痛快地答应了。

这个句子中的"哪里"表示反问，意思是否定，也可换为"怎么"，但语气不如"哪里"强烈坚决。

The "哪里" in this sentence is rhetorical, and indicates a negative. It can be replaced by "怎么", but will take on a weaker tone.

例如：你哪里（怎么）知道他的真实想法？

他哪里是陕西人？他是山西人。

练习

一、下面每个句子都有一个画线的词语，A、B、C、D四个答案是对这一画线词语的不同解释，请根据课文内容，选择最恰当的一种解释。

1. 老鼠拍着胸膛说："没事，放心吧，<u>有我呢</u>。"
   A. 我一定会叫你　　　　B. 我没有关系
   C. 我会没事　　　　　　D. 我有时间

2. 你<u>尽管</u>睡，我醒得早，到时候我来叫你，咱们一起去报名不就行了？
   A. 只管　　B. 大胆　　C. 好好　　D. 早点儿

3. 老鼠腿短个头儿小，他使出了<u>吃奶的劲儿</u>也跟不上牛的速度。
   A. 很小的劲儿　　　　　B. 咬牙的劲儿
   C. 很大的劲儿　　　　　D. 一点儿劲儿

4. 牛听了很开心，<u>一口气</u>跑到报名的地方。
   A. 一刻不停　　　　　　B. 没有力气
   C. 力气很小　　　　　　D. 呼吸一次

二、请根据课文内容在A、B、C、D四个答案中选择唯一正确的答案。

1. 人们觉得用动物来记年_____。
   A. 很有趣　　　　　　　B. 容易记住
   C. 有趣但不好记　　　　D. 有趣也很好记

2. 老鼠因为_____，所以没有叫醒猫就出发了。

　　A. 担心猫当了生肖不和自己做朋友

　　B. 兴奋睡不着觉

　　C. 想当第一名

　　D. 不希望猫当上生肖

3. 老鼠起得很早，所以他_____。

　　A. 觉得自己肯定能当上第一名

　　B. 不甘心老牛当第一名

　　C. 想跑得比老牛快一些

　　D. 骗老牛回家

4. 老鼠骑在老牛脖子上是为了_____。

　　A. 让老牛带它一起走　　B. 给老牛唱歌听

　　C. 让老牛明白它很聪明　D. 让老牛累得去不了

5. 老牛跑得很快，它认为_____。

　　A. 老鼠肯定能得第一名　B. 自己肯定能当上生肖

　　C. 自己肯定能当第一名　D. 别人都不如自己聪明

6. 老鼠当了生肖的第一名，_____。

　　A. 有的动物想到了

　　B. 动物们都没想到

　　C. 老牛知道肯定是这样

　　D. 老牛想到了，但其他动物没想到

7. 猫没有当上生肖，_____。

　　A. 很伤心，但不生老鼠的气

　　B. 气得一见老鼠就咬

　　C. 气得再也不吃饭了

　　D. 气得睡不着觉

三、请根据课文内容判断下列句子的正误。

    1. 按时报名的动物都可以当生肖。   （   ）
    2. 老鼠故意不叫醒猫而自己去报名当生肖。（   ）
    3. 老牛没想到老鼠会骗它。   （   ）
    4. 老鼠因为起得早当上了生肖的第一名。（   ）
    5. 生肖的第六名是蛇。   （   ）

四、在每一个句子下面都有一个指定词语，句中A、B、C、D是供选择的四个不同位置，请判断这一词语放在句中哪个位置上恰当。

    1. 老鼠A和猫既是B邻居C是很好的D朋友。 （又）
    2. 老牛想A路上也没什么事，B就让C老鼠给它D唱歌听。
        （反正）
    3. 猫A想到B老鼠竟然C自己去报名，而且当上了D第一名。
        （哪里）
    4. 老鼠A回到B家的时候，C猫D在睡觉。 （还）

试试看

    在中国文化中，老鼠象征着狡猾和贪婪，而牛象征着诚实和勤劳。请谈谈你们国家各种动物的象征意义，并比较它们的异同。

Yīngxióng Piān
英雄 篇
Stories of Heroes

四　精卫填海

1. 太阳神炎帝有一个小女儿，名叫女娃。女娃是太阳神最喜欢的女儿。炎帝不仅要管理太阳，还要帮助人们找粮食和治病的药材。他有很多事情要做，每天一大早就要去东海，指挥太阳升起，直到太阳从西边落下才回家。他总是没有时间陪女娃一起玩儿。

2. 炎帝不在家的时候，女娃就一个人玩儿。她觉得很寂寞，非常想让爸爸带她出去，到东海太阳升起的地方去看一看。这一天，女娃一个人在家，觉得很没意思，就偷偷驾着一只小船向东海划去。不幸的是，海上刮起了大风，像山一样的海浪一下子就把小船打翻了，女娃被无情的大海吞没了，永远回不来了。

3. 炎帝非常后悔，他很想念自己的女儿，可是任何办法也不能让他可爱的女儿活过来，回到他的身边。

4. 女娃死了，她的灵魂变成了一只小鸟。这只小鸟头上长着花花的羽毛，嘴巴白白的，脚爪红红的，非常漂亮。因为她叫的时候总是发出"精卫，精卫"的声音，听起来很悲伤，所以人们就把这种鸟叫做"精卫"。

5. 精卫恨无情的大海夺去了自己年轻的生命，她要向大海复仇。因此，她不停地从她住的发鸠山上衔着小石子，或是一段小树枝，飞到东海上，把石子、树枝扔下去，想把大海填平。

6. 大海嘲笑她："小鸟儿，算了吧，你这样干一百万年，也根本不可能把我填平。"

7. 精卫在高空回答大海："哪怕干一千万年，一万万年，我也一定要把你填平！"

8. "你为什么这么恨我呢？"

9. "因为你夺去了我年轻的生命，你将来还会夺去许多年轻无辜的生命。我要永不停止地干下去，总有一天会把你填成平地。"

10. 精卫飞着、叫着，离开大海，又飞回发鸠山去衔石子和树枝。她衔啊，飞啊，扔啊，一天又一天，一年又一年，一刻也不肯休息。

11. 后来，精卫和海燕结成了夫妻，生出许多小鸟，他们的女儿长得像精卫，他们的儿子长得像海燕。小精卫和她们的妈妈一样，也去衔石填海。直到今天，她们还在做着这种工作。

(共计778字，建议阅读时间8分钟)

课文拼音

4. Jīngwèi Tián Hǎi

1. Tàiyáng Shén Yándì yǒu yí ge xiǎo nǚ'ér, míng jiào Nǚwá. Nǚwá shì Tàiyáng Shén zuì xǐhuan de nǚ'ér. Yándì bùjǐn yào guǎnlǐ tàiyáng, hái yào bāngzhù rénmen zhǎo liángshi hé zhì bìng de yàocái. Tā yǒu hěn duō shìqing yào zuò, měi tiān yídàzǎo jiù yào qù Dōng Hǎi, zhǐhuī tàiyáng shēngqǐ, zhídào tàiyáng cóng xībian luòxià cái huíjiā. Tā zǒngshì méiyǒu shíjiān péi Nǚwá yìqǐ wánr.

2. Yándì bú zài jiā de shíhou, Nǚwá jiù yí ge rén wánr. Tā juéde hěn jìmò, fēicháng xiǎng ràng bàba dài tā chūqu, dào Dōng Hǎi tàiyáng shēngqǐ de dìfang qù kàn yi kàn. Zhè yì tiān, Nǚwá yí ge rén zài jiā, juéde hěn méi yìsi, jiù tōutōu jiàzhe yì zhī xiǎo chuán xiàng Dōng Hǎi huáqù. Búxìng de shì, hǎishang guāqǐle dà fēng, xiàng shān yíyàng de hǎilàng yíxiàzi jiù bǎ xiǎo chuán dǎfān le, Nǚwá bèi wúqíng de dàhǎi tūnmò le, yǒngyuǎn huí bu lái le.

3. Yándì fēicháng hòuhuǐ, tā hěn xiǎngniàn zìjǐ de nǚ'ér, kěshì rènhé bànfǎ yě bù néng ràng tā kě'ài de nǚ'ér huó guolai, huídào tā de shēnbiān.

4. Nǚwá sǐ le, tā de línghún biànchéngle yì zhī xiǎo niǎo. Zhè zhī xiǎo niǎo tóushang zhǎngzhe huāhuā de yǔmáo, zuǐba báibái de, jiǎozhǎo hónghóng de, fēicháng piàoliang. Yīnwèi

tā jiào de shíhou zǒngshi fāchū "jīngwèi, jīngwèi" de shēngyīn, tīng qilai hěn bēishāng, suǒyǐ rénmen jiù bǎ zhè zhǒng niǎo jiàozuò "Jīngwèi".

5. Jīngwèi hèn wúqíng de dàhǎi duóqùle zìjǐ niánqīng de shēngmìng, tā yào xiàng dàhǎi fùchóu. Yīncǐ, tā bùtíng de cóng tā zhù de Fājiū Shān shang xiánzhe xiǎo shízǐ, huò shì yí duàn xiǎo shùzhī, fēi dào Dōng Hǎi shang, bǎ shízǐ, shùzhī rēng xiaqu, xiǎng bǎ dàhǎi tiánpíng.

6. Dàhǎi cháoxiào tā: "Xiǎo niǎor, suànle ba, nǐ zhèyàng gàn yìbǎi wàn nián, yě gēnběn bù kěnéng bǎ wǒ tiánpíng."

7. Jīngwèi zài gāokōng huídá dàhǎi: "Nǎpà gàn yìqiān wàn nián, yíwàn wàn nián, wǒ yě yídìng yào bǎ nǐ tiánpíng!"

8. "Nǐ wèishénme zhème hèn wǒ ne?"

9. "Yīnwèi nǐ duóqùle wǒ niánqīng de shēngmìng, nǐ jiānglái hái huì duóqù xǔduō niánqīng wúgū de shēngmìng. Wǒ yào yǒng bù tíngzhǐ de gàn xiaqu, zǒng yǒu yì tiān huì bǎ nǐ tiánchéng píngdì."

10. Jīngwèi fēizhe, jiàozhe, líkāi dàhǎi, yòu fēi huí Fājiū Shān qù xián shízǐ hé shùzhī. Tā xián a, fēi a, rēng a, yìtiān yòu yìtiān, yìnián yòu yìnián, yíkè yě bù kěn xiūxi.

11. Hòulái, Jīngwèi hé hǎiyàn jiéchéngle fūqī, shēngchū xǔduō xiǎo niǎo, tāmen de nǚ'ér zhǎng de xiàng Jīngwèi, tāmen de érzi zhǎng de xiàng hǎiyàn. Xiǎo Jīngwèi hé tāmen de māma yíyàng, yě qù xián shí tián hǎi. Zhídào jīntiān, tāmen hái zài zuòzhe zhè zhǒng gōngzuò.

课文英译

4. Jingwei Bird Trying to Fill up the Sea

1. The God of Sun, Emperor Yan, had a daughter, whose name was Nüwa. She was his favorite daughter. Emperor Yan not only controlled the sun, but also helped people find food and medicinal materials. He had many things to do. Every early morning, he went to East Sea to direct the rising of the sun, and did not get back home until the sun had set. He was always too busy to spend time with his daughter.

2. When her father was away, Nüwa was alone at home. She felt very lonely and was eager for her father to take her out to the East Sea to see the rising of the sun. One day, she was at home alone and feeling very bored, so she secretly sailed a boat to the East Sea. On the way, the wind started to blow strongly, and waves like little mountains soon overturned the small boat. Nüwa was swallowed up by the unmerciful sea, never to return.

3. Emperor Yan was full of regret, and missed his daughter greatly, but nothing could be done to bring his beloved daughter back to him.

4. When she died, Nüwa's soul was incarnated into a small bird. This beautiful little bird had colorful feathers on the head, a white beak and red claws. Because her call sounded like "jingwei", people called her the Jingwei bird.

5. Jingwei hated the brutal sea which had deprived her of her young life, and she wanted to take revenge on it. So, she took stones

and branches from her home on Fajiu Mountain and dropped them into the East Sea, trying to fill it up.

6. The sea sneered at her: "That's enough, little bird! Even if you do this for a million years, you'll never fill me up."

7. Jingwei answered from the sky, "If it takes ten million years, even a hundred million years, I will fill you up!"

8. "Why do you hate me so much?"

9. "Because you took away my young life, and will likely take away many more innocent young lives. I will keep up what I am doing, and eventually you will become flat ground."

10. Jingwei hovered, cried, left the sea, and returned to Fajiu Mountain to fetch more stones and branches. She continued working day after day, year after year without a rest.

11. Afterwards, Jingwei married a petrel, and hatched many chicks. Their daughters looked like Jingwei, while their sons resembled their father. Their daughters followed their mother in trying to fill up the sea. They are still doing the same work until today.

生词

1. 管理	guǎnlǐ	(动)	to manage, to control
2. 药材	yàocái	(名)	medicinal material
3. 指挥	zhǐhuī	(动)	to direct
4. 驾	jià	(动)	to drive
5. 打翻	dǎfān	(动)	to overturn
6. 吞没	tūnmò	(动)	to engulf, to swallow up

7. 后悔	hòuhuǐ	（动）	to regret
8. 灵魂	línghún	（名）	soul
9. 无情	wúqíng	（形）	cruel
10. 夺	duó	（动）	to deprive
11. 复仇	fùchóu	（动）	to revenge
12. 衔	xián	（动）	to hold in the mouth
13. 树枝	shùzhī	（名）	branch of the tree
14. 填	tián	（动）	to fill
15. 嘲笑	cháoxiào	（动）	to sneer
16. 无辜	wúgū	（形）	innocent
17. 海燕	hǎiyàn	（名）	petrel

背景知识

1. 炎帝：是中华民族的始祖之一。现在说中国人是炎黄子孙，"炎"是炎帝，"黄"是黄帝。

Emperor Yan is usually referred to as the ancestor of the Chinese nation. Chinese people today call themselves the offspring of Yan and Huang. "Yan" refers to Emperor Yan, while "Huang" refers to Emperor Huang.

2. 发鸠山：是山西省的名山，在子长县城西，因精卫填海的故事闻名。

Fajiu Mountain is a famous mountain in Shanxi

Province, located about 25km west of Zichang County. Its fame is derived from the story of Jingwei.

注释

1. 炎帝<u>不仅</u>要管理太阳，<u>还</u>要负责人们的粮食和治病的药材。
"不仅"意思是"不但"，后面的句子用"而且、并且、还、也"等词，表示除了所说的意思外，还有更进一层的意思。
"不仅" means "not only". The following sentence uses words like "并且、还、也", to show further meanings.
例如：这不仅是你一个人的事情，也是我们大家的事情。
　　　小刘不仅会说英语，还会说法语。
上面的例子中句子的主语是相同的，"不仅"在第一个句子的主语后面。如果主语不同，"不仅"应该在第一个句子的主语前面。
In the sentences given, the clauses have the same subject. "不仅" follows the subject of the first clause. If the clauses have different subjects, "不仅" should come before the subject of the first clause.
例如：不仅他会游泳，而且他爷爷也会游泳。
　　　不仅我喜欢唱歌，我的朋友们也喜欢唱歌。

2. 这只小鸟头上长着<u>花花</u>的羽毛，嘴巴<u>白白</u>的，脚爪红红的，非常漂亮。
"花花的、白白的、红红的"是形容词的重叠形式。
Some Chinese adjectives can be reduplicated to indicate a high degree. The reduplicated form for monosyllabic adjectives is AA.

例如：她的头发长长的，眼睛大大的，皮肤白白的，非常漂亮。

麦克个子高高的，身体壮壮的，女孩子都喜欢他。

3. **哪怕**干一千万年，一万万年，我**也**一定要把你填平！
"哪怕"和"即使"用法相同，但它常用于口语，表示假设和让步的意思，后面的句子中常用"都、也、还"等词。
"哪怕" and "即使" have the same usage, and is often used in colloquial Chinese. They mean "in case of" or indicate a concession. The second part of the sentence should use "都"，"也" or "还"。

例如：哪怕天气不好，我们也要出去旅行。

哪怕所有人反对，他们也要结婚。

练习

一、请根据课文的意思为下列词语选择正确的释义。

1. 不幸（　　）　　A. 抢走，使失去
2. 悲伤（　　）　　B. 使人遗憾痛苦的
3. 夺去（　　）　　C. 不让人发现
4. 偷偷（　　）　　D. 悲痛伤心

二、请根据课文内容在 A、B、C、D 四个答案中选择唯一正确的答案。

1. 每天_____，炎帝就要离开女儿，出门去工作。

A. 早上的时候　　　　B. 很早的时候
C. 大大的早晨　　　　D. 不太早

2. 女娃因为_____，所以想让爸爸带她去太阳升起的地方。

   A. 贪玩　　B. 难过　　C. 无聊　　D. 寂寞

3. 炎帝对女娃的态度是_____。

   A. 喜欢　　B. 不喜欢　　C. 不理睬　　D. 冷淡

4. 女娃一个人划船到海里，她爸爸_____。

   A. 同意　　B. 不知道　　C. 很高兴　　D. 不愿意

5. 第二段画横线的句子意思是_____。

   A. 大海里的鱼吃掉了女娃

   B. 大海不喜欢女娃

   C. 女娃淹死在大海里了

   D. 女娃不喜欢在海里游泳

6. 女娃死后变成了一只鸟，因为_____，所以大家叫它"精卫"。

   A. 它的叫声很好听　　　　B. 它的叫声很悲伤

   C. 它叫的声音是"精卫"　　D. 它长得很漂亮

7. 精卫扔石子和树枝是想_____。

   A. 砸大海　　B. 填平大海　　C. 气大海　　D. 和大海玩

8. 大海觉得精卫_____。

   A. 永远不可能填平自己　　B. 用一百万年可以填平自己

   C. 只要努力就能填平　　　D. 会坚持一百万年

· 53 ·　精卫填海

9. 精卫现在_____。
   A. 把海填平了   B. 仍然在填海
   C. 放弃填海了   D. 仍然一个人在填海

三、请根据课文内容判断下列句子的正误。

   1. 炎帝工作很忙，所以没时间陪自己的女儿。（   ）
   2. 女娃生爸爸的气，所以一个人离开了家。（   ）
   3. 女娃因为不会游泳所以被大海淹死了。（   ）
   4. 精卫鸟往大海里扔东西来报复大海。（   ）
   5. 精卫鸟经常休息，所以到今天还没有填平大海。（   ）

四、下面的句子中有一个或两个空儿，请根据课文的意思在A、B、C、D四个答案中选择唯一恰当的填上。

   1. 女娃_____着一只小船，偷偷去东海看爸爸。
      A. 划   B. 骑   C. 开   D. 坐

   2. 女娃死后，她的灵魂_____了一只小鸟。
      A. 变   B. 变成   C. 改变   D. 变得

   3. 精卫鸟_____衔小石子，_____衔小树枝。
      A. 不仅……还   B. 虽然……但是
      C. 因为……所以   D. 不但……还是

   4. 大海认为精卫鸟_____干一百万年_____不可能填平大海。
      A. 即使……那么   B. 哪怕……也
      C. 虽然……那么   D. 即使……就

5. 精卫鸟衔石子和树枝是想_____大海复仇。
   A. 给   B. 对   C. 向   D. 往

6. 哪怕天气_____，精卫鸟也一刻不停地衔石填海。
   A. 坏   B. 不坏   C. 不好   D. 很好

7. 精卫鸟不停地朝大海里扔石子和树枝，_____也不肯休息。
   A. 终于   B. 原来   C. 从来   D. 最后

8. 小精卫像他们的妈妈_____仍然衔着树枝和小石头去填大海。
   A. 一样   B. 这么   C. 那么   D. 似乎

五、下面这段话中有若干个空儿，请根据上下文的意思在每个空格中填写一个恰当的汉字。

女娃被大海淹死后，就变成了一_____名叫"精卫"的小_____。精卫鸟每天衔着石头和_____枝想把大海填平，就这样一直坚持到现_____。精卫鸟的精_____代表了中华民族坚强不屈的品格，现在人们_____常用"精卫填海"这个成语来形容一个人做事能够坚持不放弃。

试试看

你觉得精卫鸟的精神是固执还是执著？为什么？

五　花木兰替父从军

1. 中国古代有一个非常有名的女孩儿，她的名字叫花木兰。和古代大多数女孩子一样，她从小就在家学习织布、绣花、干家务这些女孩子经常做的事情，生活过得很平静。

2. 有一年，敌人攻打到了国家的边境，情况很紧急。原来的士兵人数远远不够，国家只好规定，每家必须派一个男人去参军。木兰家里只有父亲和弟弟两个男人；可是父亲已经老了，弟弟又太小，没办法去打仗。木兰知道，国家有困难，每个人都应该出力，但是她又不忍心让老父亲或小弟弟参军。她暗暗下了决心，要打扮成男孩子的样子，替自己的父亲参军。

3. 木兰穿上男孩子的衣服，骑上大马，扮成了一个英俊的小伙子，谁也看不出她是个女孩儿。她很顺利地参军来到了前线。在那里她和男人们一起战斗，甚至比男人还能吃苦,还勇敢。打仗的时间长了,很多人都很想家,有的战友就想偷偷地跑回家去。木兰也很想念自己的爸爸妈妈,很想回家,但她还是积极地鼓励那些想家的战友:"只有赶走敌人,我们才能过上安定的生活。"大家听了她的话都觉得很有道理,以后打起仗来也更加勇敢了。

4. 一天,敌人偷偷攻打木兰他们的军营,大家都不知道该怎么办。木兰想出了一个好办法,她故意让一些年龄大的、身体不太好的、受了伤的士兵来假装抵挡敌人,那些年轻力壮的士兵趁机从后面攻打敌人。敌人没有想到前后都受到攻击,急忙逃跑了。敌人失败后不甘心,又派了很多人攻打他们,这次竟然把他们的将军围住了,情况非常危险。正在这时,木兰骑马冲过来,勇敢地和敌人搏斗,不仅救出了将军,还带领战友把敌人赶跑了。

5. 经过多年的战争,花木兰和她的战友们终于把敌人彻底打败了。皇帝按照每个人的功劳给大家奖励,还称赞花木兰是个大英雄。皇帝给她很多很多金子和宝贝,众人都很羡慕她,可是花木兰却拒绝了。她请求皇帝让她回到家乡,因为她觉得和亲人在一起是最幸福的事情。皇帝接受了她的请求,派人把她送回了家。

6. 木兰回到家中,脱下战袍,穿上以前女孩子的衣裙,对着镜子把长发梳成漂亮的发髻,并贴上好看的发饰,她走出房门去见战友们,直到这时战友们才惊奇地发现,和他们一起战斗了多年的、勇敢的英雄原来是个漂亮的女孩子。大家竖起大拇指,都夸她是个了不起的女英雄。是啊，木兰那么勇敢，谁能想到她竟然是个女孩子呢？

（共计 926 字，建议阅读时间 10 分钟）

课文拼音

5. Huā Mùlán Tì Fù Cóngjūn

1. Zhōngguó gǔdài yǒu yí gè fēicháng yǒumíng de nǚháir, tā de míngzi jiào Huā Mùlán. Hé gǔdài dàduōshù nǚháizi yíyàng, tā cóngxiǎo jiù zài jiā xuéxí zhībù, xiùhuā, gàn jiāwù zhèxiē nǚháizi jīngcháng zuò de shìqing, shēnghuó guò de hěn píngjìng.

2. Yǒu yì nián, dírén gōngdǎ dàole guójiā de biānjìng, qíngkuàng hěn jǐnjí. Yuánlái de shìbīng rénshù yuǎnyuǎn bú gòu, guójiā zhǐhǎo guīdìng, měi jiā bìxū pài yí ge nánrén qù cānjūn. Mùlán jiā li zhǐ yǒu fùqīn hé dìdi liǎng ge nánrén, kěshì fùqīn yǐjīng lǎo le, dìdi yòu tài xiǎo, méi bànfǎ qù dǎzhàng. Mùlán zhīdào, guójiā yǒu kùnnan, měi ge rén dōu yīnggāi chūlì, dànshì tā yòu bù rěnxīn ràng lǎo fùqīn huò xiǎo dìdi cānjūn. Tā ànàn xiàle juéxīn, yào dǎbàn chéng nánháizi de yàngzi, tì zìjǐ de fùqīn cānjūn.

3. Mùlán chuānshang nánháizi de yīfu, qíshang dàmǎ, bànchéngle yí ge yīngjùn de xiǎohuǒzi, shuí yě kàn bu chū tā shì ge nǚháir. Tā hěn shùnlì de cānjūn láidàole qiánxiàn. Zài nàli

tā hé nánrénmen yìqǐ zhàndòu, shènzhì bǐ nánrén hái néng chīkǔ, hái yǒnggǎn. Dǎzhàng de shíjiān cháng le, hěn duō rén dōu hěn xiǎng jiā, yǒude zhànyǒu jiù xiǎng tōutōu de pǎo huí jiā qù. Mùlán yě hěn xiǎngniàn zìjǐ de bàba māma, hěn xiǎng huíjiā, dàn tā háishi jījí de gǔlì nàxiē xiǎng jiā de zhànyǒu: "Zhǐyǒu gǎnzǒu dírén, wǒmen cái néng guòshang āndìng de shēnghuó." Dàjiā tīngle tā de huà dōu juédé hěn yǒu dàolǐ, yǐhòu dǎ qi zhàng lai yě gèngjiā yǒnggǎn le.

4. Yì tiān, dírén tōutōu gōngdǎ Mùlán tāmen de jūnyíng, dàjiā dōu bù zhīdào gāi zěnme bàn. Mùlán xiǎngchūle yí ge hǎo bànfǎ, tā gùyì ràng yìxiē niánlíng dà de, shēntǐ bú tài hǎo de, shòule shāng de shìbīng lái jiǎzhuāng dǐdǎng dírén, nàxiē niánqīng lì zhuàng de shìbīng chènjī cóng hòumian gōngdǎ dírén. Dírén méiyǒu xiǎngdào qián hòu dōu shòudào gōngjī, jímáng táopǎo le. Dírén shībài hòu bù gānxīn, yòu pàile hěn duō rén gōngdǎ tāmen, zhè cì jìngrán bǎ tāmen de jiāngjūn wéizhù le, qíngkuàng fēicháng wēixiǎn. Zhèngzài zhèshí, Mùlán qí mǎ chōng guolai, yǒnggǎn de hé dírén bódòu, bùjǐn jiùchūle jiāngjūn, hái dàilǐng zhànyǒu bǎ dírén gǎnpǎo le.

5. Jīngguò duō nián de zhànzhēng, Huā Mùlán hé tā de zhànyǒumen zhōngyú bǎ dírén chèdǐ dǎbài le. Huángdì ànzhào měi ge rén de gōngláo gěi dàjiā jiǎnglì, hái chēngzàn Huā Mùlán shì ge dà yīngxióng. Huángdì gěi tā hěn duō hěn duō jīnzi hé bǎobèi, zhòngrén dōu hěn xiànmù tā, kěshì Huā Mùlán què jùjué le. Tā qǐngqiú huángdì ràng tā huídào jiāxiāng, yīnwèi tā juéde hé qīnrén zài yìqǐ shì zuì xìngfú de shìqing. Huángdì jiēshòule tā de qǐngqiú, pài rén bǎ tā sònghuíle jiā.

6. Mùlán huídào jiā zhōng, tuōxià zhànpáo, chuānshang

yǐqián nǚháizi de yīqún, duìzhe jìngzi bǎ chángfà shūchéng piàoliàng de fàjì, bìng tiēshang hǎo kàn de fàshì, tā zǒuchū fángmén qù jiàn zhànyǒumen, zhídào zhèshí zhànyǒumen cái jīngqí de fāxiàn, hé tāmen yìqǐ zhàndòule duō nián de, yǒnggǎn de yīngxióng yuánlái shì ge piàoliang de nǚháizi. Dàjiā shùqǐ dà múzhǐ, dōu kuā tā shì gè liǎobuqǐ de nǚ yīngxióng. Shì a, Mùlán nàme yǒnggǎn, shuí néng xiǎngdào tā jìngrán shì ge nǚháizi ne?

课文英译

5. Hua Mulan Joined the Army to Take Her Father's Place

1. In ancient China there was a very famous girl called Hua Mulan. Like most other girls of that time, she learned weaving, embroidery, and doing housework, and lived a peaceful life.

2. One year, the enemy attacked the border of her country. The situation was critical. The number of soldiers was not far from enough, and so one male from each household was conscripted into the army. There were only two males in Mulan's family—her father and younger brother. However, her father was too old to join the army, and her brother was too young. Mulan knew her country was in trouble, and that everyone should devote their efforts, she could not bear to see her old father or little brother go to war. She secretly decided to disguise herself as a man and take her father's place in the army.

3. Mulan wore men's clothes and rode a big horse, in appearance,

becoming a handsome young man. No one could tell that she was in fact a woman. She arrived at the front line of the battle without difficulty. There she joined the battle with the male soldiers, more willing to bear hardship and more courageous than the men. The war was long, and many soldiers greatly missed home. Some of them even secretly returned home. Mulan also missed her parents and home, but maintained a positive attitude and encouraged the others, "Only by driving back the enemy, will we be able to lead a peaceful life." The soldiers realized that what she said was right, and fought even more courageously than before.

4. One day, the enemy secretly attacked the camp, causing great confusion. Mulan came up with an idea. She ordered the old, weak, and wounded soldiers to pretend to withstand the enemy, while the young, strong soldiers attacked the enemy from behind. The enemy did not expect to be attacked from both front and rear, and quickly retreated. The enemy was furious with this defeat, and sent more soldiers into attack. This time they surrounded the general, creating a very dangerous situation for Mulan's army. At this moment, Mulan rode in and made a desperate fight with the enemy. She not only rescued the general, but also led her fellow soldiers to force the enemy to retreat.

5. After many years of war, Hua Mulan and her fellow soldiers finally defeated their enemy. The emperor awarded each of the soldiers according to their contribution. He praised Mulan as a great hero, and gave her much gold and precious things. Many people admired her. However, she refused to accept the emperor's treasure and instead pleaded to be sent home, saying that to be home with her family members is the happiest of situations. The emperor granted her request and sent someone to take her home.

6. When she returned home, she took off her battle dress and changed into her women's clothes. She combed her long hair into a beautiful bun in the mirror and put on the hair accessories. Then she walked out of the room to meet her fellow soldiers. Only then did they realize that the brave hero who fought side by side with them all those years in battle was actually a beautiful woman. They praised her as an extraordinary heroine. Indeed, she was so courageous. How could anyone know she was in fact a woman!

生词

1.	攻打	gōngdǎ	(动)	to attack
2.	边境	biānjìng	(名)	border
3.	紧急	jǐnjí	(形)	urgent
4.	远远	yuǎnyuǎn	(副)	far
5.	规定	guīdìng	(动)	to prescribe
6.	参军	cānjūn	(动)	to join the army
7.	忍心	rěnxīn	(动)	to have the heart to
8.	暗暗	àn'àn	(副)	secretly
9.	决心	juéxīn	(名)	determination, resolution
10.	替	tì	(动)	for
11.	英俊	yīngjùn	(形)	handsome
12.	顺利	shùnlì	(形)	smooth, successful
13.	前线	qiánxiàn	(名)	front line
14.	偷偷	tōutōu	(副)	secretly
15.	积极	jījí	(形)	positive

16. 鼓励	gǔlì	（动）	to encourage
17. 安定	āndìng	（形）	stable, quiet, settled
18. 假装	jiǎzhuāng	（动）	to pretend, to disguise, to make believe
19. 抵挡	dǐdǎng	（动）	to withstand
20. 搏斗	bódòu	（动）	to wrestle, to fight, to combat
21. 彻底	chèdǐ	（副）	once and for all
22. 羡慕	xiànmù	（动）	to admire, to envy
23. 惊奇	jīngqí	（形）	amazed, surprised
24. 竖	shù	（动）	to erect

背景知识

1. 花木兰：花木兰替父从军这一故事来自于中国古代北朝北方民歌《木兰辞》。《木兰辞》是中国古代民间文学中的一篇优秀叙事诗，写的是女英雄花木兰女扮男装替父从军，最后光荣还乡的故事。

The story of Hua Mulan originates from a northern folk song *Mulanci*. *Mulanci* was an epic among the ancient Chinese folk literature. It tells the story of a heroine Mulan who disguises herself as a man in order to take her father's place in the army, and then returns home with great honor.

2. 织布和绣花: 是中国古代女孩子从小就必须学习和掌握的技艺，也是体现女孩子心灵手巧的重要标志。

In ancient China, it was mandatory for young girls to master the art of weaving and embroidery. The level of competency in these skills was seen to be an indicator of a girl's intelligence and deftness.

注释

1. 在那里她和男人们一起战斗，**甚至**比男人还能吃苦，还勇敢。

   句中的"甚至"起强调和突出的作用，常用于第二个句子中。
   "甚至" means "even". Here it is used to emphasize and highlight. It is always used in the latter clause.
   例如：她的汉语说得很好，甚至很多人以为她是中国人。
   　　　这个字太难了，甚至老师也不认识。

2. **原来**的士兵人数远远不够，国家只好规定，每家必须派一个男人去参军。/和他们一起战斗了多年的、勇敢的英雄原来是个漂亮的女孩子。

   第一个句子中的"原来"是形容词，意思是"以前"，修饰名词时要加"的"。

The first "原来" is an adjective and means "original". When it modifies a noun, it should be followed by "的".

例如：他原来的名字叫李华，现在的名字叫李爱华。

他还住在原来的地方，并没有搬家。

第二个句子中的"原来"是副词，表示发现了以前不知道的事情。
"原来" in the second sentence is an adverb. It expresses that something which was not known before is found.

例如：听了他的话我才知道，这本书原来是老师的。

我以为你们回家了，原来你们还在这里。

3. **直到**这时战友们**才**惊奇地发现，和他们一起战斗了多年的、勇敢的英雄原来是个漂亮的女孩子。

"直到……才……"表示某种情况出现得比较晚。"直到"后面是表示时间的词、短语或短句，说话人往往认为这一时间比较晚。
"直到……才……", "not until ...". Time words, phrases, or short sentences can follow "直到". In the speaker's opinion, the action has been late in occurring.

例如：她平时八点就回来了，可今天直到晚上十一点她才回到家。

白天交通很拥挤，直到天黑，路上的车才少了一些。

我很早就来找她，可直到她下班，我才见到她。

4. **谁**能想到她竟然是个女孩子呢？

这是一个反问句，意思是说没有人知道木兰是个女孩子。汉语中常用反问句来表示肯定或否定，反问句的意思和形式上正好相反，也就是说否定形式表示肯定，肯定形式表示否定。后面的语气词常用"呢"。

This is a rhetorical sentence and indicates that nobody could tell that Mulan was a girl. This form of sentence is always used to emphasize affirmation or negation. In Chinese, the meaning of rhetorical question is the complete opposite of its form. That's to say that the negative form emphasizes affirmation or vice versa. The mood word "呢" is always used in rhetorical sentences.

例如：你不说清楚，谁会知道呢？（没有人知道）
　　　好朋友让帮忙，谁能不去呢？（谁都会去）

练习

一、下面每个句子都有一个画线的词语，A、B、C、D四个答案是对这一画线词语的不同解释，请根据课文内容，选择最恰当的一种解释。

1. 原来的士兵人数远远不够，国家只好规定，每家必须派一个男人去参军。
　　A. 路很远　　B. 差得远　　C. 远比敌人多　　D. 距离远

2. 木兰不忍心让年老的父亲去战场上参加战争。
　　A. 喜欢　　B. 高兴　　C. 愿意　　D. 耐心

3. 勇敢的木兰穿上了军人的衣服，谁也看不出来她是个女孩儿。
　　A. 出来看　　B. 不能决定　　C. 辨别不出来　　D. 认识

4. 敌人竟然把他们的将军围住了，情况很危险。
　　A. 提前想到　　　　B. 忽然发生
　　C. 出人意料　　　　D. 和想的一样

二、请写出下面句子里画线词的反义词。

1. 花木兰不仅勇敢，而且机智聪明。（　　　　）
2. 在非常危险的情况下，木兰救出了将军，立下了大功。
（　　　　）
3. 皇帝给了花木兰很多的财宝，但是她都拒绝了。
（　　　　）
4. 木兰本来像一个普通的女孩儿一样，在家里帮父母做家务。（　　　　）
5. 木兰因为在战场上的表现得到了皇帝的表扬和奖励。
（　　　　）

三、请根据课文内容在 A、B、C、D 四个答案中选择唯一正确的答案。

1. 因为花木兰＿＿＿＿＿＿＿，所以她假扮男孩儿参了军。
  A. 家里没人愿意去打仗　　B. 父亲年老、弟弟年幼
  C. 喜欢当男孩儿　　　　　D. 不喜欢干女孩子干的活

2. 花木兰打仗的时候＿＿＿＿＿＿＿。
  A. 很勇敢　　　　　　　　B. 很聪明
  C. 既勇敢又聪明　　　　　D. 当了逃兵

3. 木兰拒绝皇帝的奖赏是因为＿＿＿＿＿＿＿。
  A. 她觉得自己不是真正的英雄
  B. 她觉得自己欺骗了大家
  C. 她觉得回家和父母在一起更重要
  D. 她不喜欢让别人羡慕她

4. 战友们看到木兰的＿＿＿＿＿＿＿才知道木兰是女孩儿。
  A. 长相　　B. 身材　　C. 打扮　　D. 头发

四、下面的句子中有一个或两个空儿,请根据课文的意思在 A、B、C、D 四个答案中选择唯一恰当的填上。

1. 花木兰离开家参了军,在前线她_____比男人还能吃苦、还勇敢。
   A. 甚至　　B. 可是　　C. 或者　　D. 但是

2. _____花木兰是个普通的女孩子,可后来她成了一个著名的女英雄。
   A. 从来　　B. 原来　　C. 以来　　D. 以后

3. _____很多年以后,花木兰和她的战友_____彻底打败了敌人。
   A. 直到……才　　　　B. 直到……就
   C. 到了……再　　　　D. 到了……就

4. 谁能想到皇帝竟然给木兰那么多金子和宝贝_____?
   A. 吗　　B. 的　　C. 呢　　D. 嘛

五、下面这段话中有若干个空儿,请根据上下文的意思在每一个空格中填写一个恰当的汉字。

花木兰替父从军的_____事流传很广。在中国,大家都认为花木兰孝顺父母、坚强勇_____,又很有智慧,因此把她看做是女_____雄的代表。如_____一个女孩子做了什么了不起的事_____,大家就把她叫做"花木兰"。

试试看

你的国家有没有女英雄?请讲一讲她的故事。

六　大禹的故事

1. 尧当部落联盟的首领时，黄河流域发生了很大的水灾，庄稼被淹了，房子被冲走了，许多人的生命也被洪水夺去了。

2. 尧把各个部落的首领请来开会，要大家商量解决洪水泛滥的办法。会议决定派一个能治水的人去解决这个问题。可是派谁去呢？首领们都推荐鲧。尧对鲧不大信任。首领们说："可是现在连一个比鲧强的人也没有，咱们还是试一下儿吧！"尧只好勉强同意鲧去治水。

3. 洪水冲来的时候，鲧就让人用土来堵。但是洪水的速度很快，一下子就把土都冲走了。因此，不管他怎么堵，都堵不住洪水。这种堵水的方法根本行不通。鲧花了九年时间治水，还是没有把洪水制服。

4. 尧之后，舜当了部落联盟的首领。他发现鲧对洪水毫无办法，还耽误了治水的时间，就把鲧杀了，然后又命令鲧的儿子禹继续治水。

5. 禹接受命令之后，总结了以前治水失败的教训，接着又去洪水流过的地方仔细观察，思考洪水泛滥的原因。他发现，有些地方是因为高山挡住了洪水，水流不

过去就会越来越多，而有些地方是因为没有河沟，洪水无法流到海里去。经过思考，禹想到，如果让水顺利地流走，不就可以解决洪水泛滥的问题了吗？终于他想出了一个治水的办法，那就是疏导。遇到挡住了水流的高山，他们就一座一座凿开，让洪水通过山洞流过去。水流太大，他就和大家一起挖出河沟，让水顺沟流下。

6. 在治水的日日夜夜里，禹的脸晒得越来越黑，人也累得越来越瘦，但他还在辛勤地工作着。禹为了治水，三次经过家门都没有进去。第一次他的妻子刚刚生下儿子没几天，他经过家门口的时候，正好从家里传来孩子"哇哇"的哭声。禹怕自己进去之后舍不得离开妻子和孩子，就狠了狠心没有进去。第二次经过家门时，妻子抱着儿子站在门口，孩子已经会叫爸爸了。这时治水正是紧张的时候，禹看了看孩子可爱的小脸还是没有进去。第三次儿子已长到十多岁了，使劲儿把他往家里拉，让他回家看一看。禹深情地抚摸着儿子的头告诉他："孩子，你已经长大了，爸爸也很想回家看看，可是治水工作离不开我，爸爸对不起你。"说完这些话，禹又匆忙离开了，仍然没进家门。

7. 在禹的带领下，人们花了十几年的工夫，凿开了一座又一座大山，挖出了一条又一条河。禹用疏导的办法治水，终于把洪水引到大海里去了。禹为了百姓辛勤工作，吃苦受累，大家非常感谢他，都尊称他为"大禹"。他"三过家门而不入"的故事至今仍为人们所传颂。

（共计971字，建议阅读时间10分钟）

课文拼音

6. Dàyǔ de Gùshi

1. Yáo dāng bùluò liánméng de shǒulǐng shí, Huáng Hé liúyù fāshēngle hěn dà de shuǐzāi, zhuāngjia bèi yān le, fángzi bèi chōngzǒu le, xǔduō rén de shēngmìng yě bèi hóngshuǐ duóqù le.

2. Yáo bǎ gègè bùluò de shǒulǐng qǐnglái kāihuì, yào dàjiā shāngliang jiějué hóngshuǐ fànlàn de bànfǎ. Huìyì juédìng pài yí ge néng zhì shuǐ de rén qù jiějué zhège wèntí. Kěshì pài shuí qù ne? Shǒulǐngmen dōu tuījiàn Gǔn. Yáo duì Gǔn bú dà xìnrèn. Shǒulǐngmen shuō: "Kěshì xiànzài lián yí ge bǐ Gǔn qiáng de rén yě méiyǒu, zánmen háishi shì yi xiàr ba!" Yáo zhǐhǎo miǎnqiǎng tóngyì Gǔn qù zhì shuǐ.

3. Hóngshuǐ chōnglái de shíhou, Gǔn jiù ràng rén yòng tǔ lái dǔ. Dànshì hóngshuǐ de sùdù hěn kuài, yíxiàzi jiù bǎ tǔ dōu

chōngzǒu le. Yīncǐ, bùguǎn tā zěnme dǔ, dōu dǔ bu zhù hóngshuǐ. Zhè zhǒng dǔ shuǐ de fāngfǎ gēnběn xíng bu tōng. Gǔn huāle jiǔ nián shíjiān zhì shuǐ, háishi méiyǒu bǎ hóngshuǐ zhìfú.

4. Yáo zhīhòu, Shùn dāngle bùluò liánméng de shǒulǐng. Tā fāxiàn Gǔn duì hóngshuǐ háo wú bànfǎ, hái dānwule zhì shuǐ de shíjiān, jiù bǎ Gǔn shā le, ránhòu yòu mìnglìng Gǔn de érzi Yǔ jìxù zhì shuǐ.

5. Yǔ jiēshòu mìnglìng zhīhòu, zǒngjiéle yǐqián zhì shuǐ shībài de jiàoxùn, jiēzhe yòu qù hóngshuǐ liúguò de dìfang zǐxì guānchá, sīkǎo hóngshuǐ fànlàn de yuányīn. Tā fāxiàn, yǒuxiē dìfang shì yīnwèi gāoshān dǎngzhùle hóngshuǐ, shuǐ liú bu guòqù jiù huì yuè lái yuè duō, ér yǒuxiē dìfang shì yīnwèi méiyǒu hégōu, hóngshuǐ wúfǎ liú dào hǎi li qù. Jīngguò sīkǎo, Yǔ xiǎngdào, rúguǒ ràng shuǐ shùnlì de liúzǒu, bú jiù kěyǐ jiějué hóngshuǐ fànlàn de wèntí le ma? Zhōngyú tā xiǎng chūle yí ge zhì shuǐ de bànfǎ, nà jiù shì shūdǎo. Yùdào dǎngzhùle shuǐliú de gāoshān, tāmen jiù yí zuò yí zuò záokāi, ràng hóngshuǐ tōngguò shāndòng liú guoqu. Shuǐliú tài dà, tā jiù hé dàjiā yìqǐ wāchū hégōu, ràng shuǐ shùn gōu liúxià.

6. Zài zhì shuǐ de rìrìyèyè li, Yǔ de liǎn shài de yuè lái yuè hēi, rén yě lèi de yuè lái yuè shòu, dàn tā hái zài xīnqín de gōngzuòzhe. Yǔ wèile zhì shuǐ, sān cì jīngguò jiāmén dōu méiyǒu jìnqu. Dìyī cì tā de qīzi gānggāng shēngxià érzi méi jǐ tiān, tā jīngguò jiāménkǒu de shíhou, zhènghǎo cóng jiā li chuánlái háizi "wāwā" de kūshēng. Yǔ pà zìjǐ jìnqu zhīhòu shěbudé líkāi qīzi hé háizi, jiù hěnle hěn xīn méiyǒu jìnqu. Dì'èr cì jīngguò jiāmén shí, qīzi bàozhe érzi zhàn zài ménkǒu, háizi

yǐjīng huì jiào bàba le. Zhèshí zhì shuǐ zhèng shì jǐnzhāng de shíhou, Yǔ kànle kàn háizi kě'ài de xiǎo liǎn háishi méiyǒu jìnqù. Dìsān cì érzi yǐ zhǎng dào shí duō suì le, shíjìnr bǎ tā wǎng jiā li lā, ràng tā huíjiā kàn yi kàn. Yǔ shēnqíng de fǔmōzhe érzi de tóu gàosu tā: "Háizi, nǐ yǐjīng zhǎngdà le, bàba yě hěn xiǎng huíjiā kànkan, kěshì zhì shuǐ gōngzuò lí bu kāi wǒ, bàba duìbuqǐ nǐ." Shuōwán zhèxiē huà, Yǔ yòu cōngmáng líkāi le, réngrán méi jìn jiāmén.

7. Zài Yǔ de dàilǐng xià, rénmen huāle shíjǐ nián de gōngfu, záokāile yí zuò yòu yí zuò dà shān, wāchūle yì tiáo yòu yì tiáo hé. Yǔ yòng shūdǎo de bànfǎ Zhì shuǐ, zhōngyú bǎ hóngshuǐ yǐndào dàhǎi li qù le. Yǔ wèile bǎixìng xīnqín gōngzuò, chīkǔ shòulèi, dàjiā fēicháng gǎnxiè tā, dōu zūnchēng tā wéi "Dàyǔ". Tā "sān guò jiāmén ér bú rù" de gùshi zhìjīn réng wéi rénmen suǒ chuánsòng.

课文英译

6. The Story of Yu the Great

1. When Yao was the leader of a tribal union, the Yellow River Valley flooded heavily, submerging crops, washing away houses, and drowning thousands of people.

2. Yao called the leader of each tribe to a meeting to discuss how to resolve this problem. They decided to send someone who could control the water. But who should they send? All the leaders recommended Gun. Yao, however, did not entirely trust him. The leaders

said, "But we do not have anyone better than him. Let him try." Yao reluctantly agreed to let Gun control the water.

3. When the flood came, Gun ordered the people to use soil to block the water. However, the flood was too strong, and washed away the soil straight away. No matter how he tried, the flood still could not be stopped. It was clear that this method was ineffective. Although Gun spent 9 years on it, he did not succeed.

4. Shun became the leader of the tribal union after Yao. He realized that Gun had proven useless in preventing the floods, and furthermore had delayed the time of bringing the waters under control. So, Shun killed Gun and ordered his son Yu to control the water.

5. After accepting this command, Yu took a lesson of the previous failure, and went to where the floods had previously passed, examining it carefully while trying to figure out the reason for the floods. He found that in some places, tall mountains blocked the floodwaters, causing them to rise, while in other places there were no channels for the water to flow to the ocean. He thought that if he could just make the water flow away, their problem would be solved. Finally, he devised a plan to control the flood—dredging. He went to the mountains where he instructed the people to cut passages through the mountains, allowing the water to flow away. However, there was too much water, so they dug a channel to lead the water away.

6. Yu worked day and night to control the floods. His face became darker and darker due to long hours under the sun, and because of the hard work, he became thinner and thinner. Even after passing his home 3 times, he did not enter. His wife had exactly given birth to their son, and the first time he passed his house, his son just happened to be crying. Yu, afraid that if he went in he would not want to

leave, did not enter. The second time, his wife was standing at the door, holding their son. Just then, the boy could say "dad". That time was very important for the water-control project. He gazed at his son's lovely face, still did not enter his home. The third time, his son was already more than 10 years old, and started pulling him toward the house. With deep affection, he stroked his son's head and told him, "Son, you've grown up. I miss you very much, but I cannot leave my work. I'm so sorry." He hastily left, again without entering his home.

7. Under Yu's leadership, they dug channels through one mountain after another, and dug one river after another. They finally channeled the floodwaters to the sea. Because of the great effort he exerted for his people, he was called Yu the Great and earned great respect among them. His story of "thrice passing home without entering" was also spread by his people.

生词

1. 部落	bùluò	（名）	tribe
2. 联盟	liánméng	（名）	alliance, union
3. 首领	shǒulǐng	（名）	chief, leader
4. 流域	liúyù	（名）	river basin, valley
5. 水灾	shuǐzāi	（名）	flood
6. 洪水	hóngshuǐ	（名）	flood water
7. 冲	chōng	（动）	to wash away
8. 泛滥	fànlàn	（动）	to overflow

读 **故事** 学汉语
READ STORIES AND LEARN CHINESE
· 76 ·

9. 推荐	tuījiàn	（动）	to recommend
10. 勉强	miǎnqiǎng	（形）	reluctant
11. 堵	dǔ	（动）	to stop up, to block up
12. 制服	zhìfú	（动）	to control
13. 总结	zǒngjié	（动）	to sum up
14. 教训	jiàoxùn	（名）	lesson
15. 观察	guānchá	（动）	to observe, to survey
16. 河沟	hégōu	（名）	drain, ditch
17. 疏导	shūdǎo	（动）	to dredge
18. 凿	záo	（动）	to cut a hole, to chisel
19. 辛勤	xīnqín	（形）	hard-working; industrious
20. 狠心	hěnxīn	（动）	to set one's heart
21. 深情	shēnqíng	（形）	affectionate
22. 传颂	chuánsòng	（动）	to be eulogized everywhere

背景知识

1. 黄河流域：是指黄河流经的广大地区，主要在中国的西北部，是中华民族文明的发祥地。因为沉积的大量泥沙使河床增高，黄河中下游地区易发洪水。

The Yellow River Basin is the large area that the Yellow River flows through, most of it being in the northwest of China. It is the cradle of the Chinese nation. Due to the large amount of mud deposited in the river, the river bed is very high, causing it to flood easily.

2. 舜：是尧之后的部落联盟首领。尧退位时将自己的位置让给了品行高尚又有才能的舜。后来因为禹治水有功，舜又把联盟首领的位置让给了禹。

Shun was the tribal union's leader after Yao. Because of his good moral conduct and ability, Yao passed his position to Shun. Later on because of Yu's success in controlling the floods, Shun gave his position to Yu.

注释

1. 可是现在<u>连</u>一个比鲧强的人<u>也</u>没有，咱们还是试一下儿吧！

"连……也……"表示强调。"连"后面是要强调的部分，一般都是比较极端的情况，如果有数词，常用"一"。后面的句子中也可以用"都"。

"连……也……" is always used for emphasizing. The part which follows 连 is the part being emphasized. It is usually used in extreme circumstances. The numeral "一" is often used. "都" can also be used in the latter part of the sentence.

例如：小李连一句英语也（都）不会说。

今天太忙了，到现在连一口水都（也）没喝。

2. 因此，不管他怎么堵，都堵不住洪水。

"不管"相当于"无论"，表示在任何条件下、任何情况下结果或结论都不会改变。"不管"的句子中有疑问代词或并列的短语，后面的句子中常用"都"或者"也"。"不管"常用于口语。

"不管" is equivalent to "无论", indicating the result or conclusion will not change under any conditions or circumstances. If there is an interrogative pronoun or coordinate phrase following "不管", the latter part of the sentence usually contains "都" or "也"。"不管" is usually used in oral expressions.

例如：不管天气怎么样，我们都要去运动。

不管你怎么说，我也不相信。

3. 不是就可以解决洪水泛滥的问题了吗？

"不是……吗"是反问句的一种常用形式，句子的真实意思和表面形式正好相反。

"不是……吗" is a common form of the rhetorical questions. The real meaning of the sentence is just the opposite of its superficial form.

例如：这不是小王吗？（这就是小王）

她不是你的老师吗？（她就是你的老师）

4. 遇到挡住了水流的高山，他们就一座一座凿开，让洪水通过山洞流过去。

"一座一座"是数量词的重叠，用来说明动作的方式。

"一座一座" is the duplication of numeral-classifier compound, meaning one by one.

例如：你不要着急，一句一句说。

事情很多，我们一件一件办。

5. 禹的脸晒得<u>越来越</u>黑，人也累得<u>越来越</u>瘦。

这两个句子都用了"越来越……"的形式，表示事物的程度随着时间的推移而变化。

"越来越……" means more and more.

例如：我们学的东西越来越多，也越来越难。

她越来越胖，该减肥了。

练习

一、请根据课文内容在 A、B、C、D 四个答案中选择唯一正确的答案。

1. 尧请大家来开会是为了_____。
   A. 寻找鲧   B. 解决洪水的问题
   C. 让禹来治水   D. 让大家跳水救人

2. 尧觉得鲧_____。
   A. 不会治水   B. 是治水的能手
   C. 治水的方法很好   D. 鲧的儿子会治水

3. 鲧用_____的办法来治水。
   A. 疏导   B. 堵   C. 挖沟   D. 凿山洞

4. 禹是_____。
   A. 尧的儿子   B. 鲧的儿子   C. 舜的兄弟   D. 尧的兄弟

5. 禹第三次经过家门没有进去是因为_____。
   A. 他不爱家人   B. 他只喜欢治水
   C. 治水工作需要他   D. 他儿子不希望他回去

6. 禹因为用疏导的方法治水成功，所以_____。
   A. 受到了人们的尊重　　　B. 三过家门而不入
   C. 人们觉得他很大　　　　D. 人们都向他学习

二、请根据课文内容判断下列句子的正误。

1. 尧当部落联盟首领的时候，长江流域发生了很大的水灾。
   （　　）
2. 鲧主动要求去治水，但没有成功。（　　）
3. 尧杀了鲧然后又让禹来治水，禹用疏导的方法治水，效果很好。（　　）
4. 禹为了治水三过家门而不入，终于解决了洪水泛滥的问题。（　　）
5. 人们为了感谢禹，都很尊敬地称他"大禹"。（　　）

三、请根据课文内容将下列句子按照合适的顺序排列。

1. 鲧用堵的方法治水，没有成功，最终被舜杀了。
2. 禹是鲧的儿子，他接替鲧开始治水。
3. 为了治水，禹观察思考，终于发现了洪水泛滥的原因。
4. 最后禹终于解决了洪水的问题，赢得了大家的尊敬。
5. 于是他开始用疏导的方法治水。因为工作紧张他曾三过家门而不入。
6. 尧时洪水泛滥，大家推选鲧来治水。

四、下面每个句子后都有一个指定词语，句中 A、B、C、D 是供选择的四个不同位置，请判断这一词语放在句中哪个位置上恰当。

1. A 禹为了 B 治水，连一次家 C 没回过 D。　　　（也）
2. A 儿子怎么 B 劝他，禹 C 都没有 D 进家门。　（不管）
3. 堵不行，B 那么 C 用疏导的方法 D 就可以解决问题了吗？　　　　　　　　　　　　　　　　（不是）
4. 因为治水 A 太辛苦，禹 B 累 C 越来越 D 瘦。　（得）
5. 鲧 A 用堵的方法 B 来对付 C 洪水 D 行不通。（根本）

试试看

你们国家有没有关于洪水的神话？请讲给大家听一听。

读故事 | 学汉语
READ STORIES AND LEARN CHINESE

Zhìhuì Piān

智慧 篇

Stories of Wisdom

七　曹冲称象

1. 三国的时候，有一位大军事家叫曹操。他有好几个儿子，最小的儿子叫曹冲，十分聪明。曹冲五岁那年，有人送给曹操一头大象。曹操非常高兴，就带着儿子和很多官员一起去看大象。

2. 这头象又高又大，鼻子又粗又壮，牙齿又白又长，身子像一堵墙，腿像四根柱子。大家一边看一边议论："这么大的象有多重啊？"曹操听了大家的话就问："谁有办法称出这头象的重量吗？"

3. 大象是陆地上最大的动物。怎么称呢？官员们七嘴八舌地议论，有人说："砍一棵又高又粗又长的大树来做秤，不就可以称出大象的重量了吗？"有人立刻说："那不成，谁有这么大的力气提起大象来称呢？"也有人说："把大象杀了，一块一块称怎么样？"曹操听了直摇头。

4. 大家围着大象转来转去，怎么也想不出个好办法。正在大家都发愁的时候，一个小孩儿从人群中跑出来说："我有办法！"大家一看，原来是曹操的小儿子曹冲，大家嘴里不说，心里却在想："哼！大人都想不出办法来，你一个小孩子会有什么办法！"

5. 曹操虽然知道这个孩子聪明，可还是有点儿半信半疑，他问曹冲："你有什么办法？快说出来让大家听听。"曹冲说："我称给你们看，你们就明白了。"说着，他叫人牵着大象跟他到河边去。他的父亲，还有那些官员们都想看看他到底怎么称大象，大家都一起跟着他来到了河边。河边有一条空着的大船，曹冲说："把大象牵到船上去。"大象上了船，船就往下沉了一些。曹冲说："请挨着水面在船帮上画一道记号。"记号画好了，曹冲又叫人把大象牵上岸来。大家你看着我，我看着你，谁也不明白这是怎么回事。

6. 接下来曹冲又叫人挑了石块，装到大船上去，挑了一担又一担，大船又慢慢地往下沉了。等船帮上的记号挨着了水面，曹冲就大声地喊："好了好了，不要加石头了。"然后他叫人把挑下船的石头都称出重量。

7. 这时候，大家才明白了：如果装石头的船下沉到刚才装大象时画的那个记号上，那么石头和大象的重量就是一样的。只要把这些石块称一称，算出所有石块的总重量，不就可以知道大象的重量了吗？

8. 大家都说，这办法看起来简单，可要不是曹冲做给大家看，大人还真想不出来呢。人们都夸奖小曹冲真聪明。

（共计886字，建议阅读时间9分钟）

课文拼音

7. Cáo Chōng Chēng Xiàng

1. Sān Guó de shíhou, yǒu yí wèi dà jūnshìjiā jiào Cáo Cāo. Tā yǒu hǎo jǐ ge érzi, zuì xiǎo de érzi jiào Cáo Chōng, shífēn cōngming. Cáo Chōng wǔ suì nà nián, yǒu rén sòng gěi Cáo Cāo yì tóu dàxiàng. Cáo Cāo fēicháng gāoxìng, jiù dàizhe érzi hé hěn duō guānyuán yìqǐ qù kàn dàxiàng.

2. Zhè tóu xiàng yòu gāo yòu dà, bízi yòu cū yòu zhuàng, yáchǐ yòu bái yòu cháng, shēnzi xiàng yì dǔ qiáng, tuǐ xiàng sì gēn zhùzi. Dàjiā yìbiān kàn yìbiān yìlùn: "Zhème dà de xiàng yǒu duō zhòng a?" Cáo Cāo tīngle dàjiā de huà jiù wèn: "Shuí yǒu bànfǎ chēngchū zhè tóu xiàng de zhòngliàng ma?"

3. Dàxiàng shì lùdì shang zuì dà de dòngwù. Zěnme chēng ne? Guānyuánmen qī zuǐ bā shé de yìlùn, yǒu rén shuō: "Kǎn yì kē yòu gāo yòu cū yòu cháng de dàshù lái zuò chèng, bú jiù kěyǐ chēngchū dàxiàng de zhòngliàng le ma?" Yǒu rén lìkè shuō: "Nà bù chéng, shuí yǒu zhème dà de lìqi tíqǐ dàxiàng lái chēng ne?" Yě yǒu rén shuō: "Bǎ dàxiàng shā le, yí kuài yí kuài chēng zěnmeyàng?" Cáo Cāo tīngle zhí yáo tóu.

4. Dàjiā wéizhe dàxiàng zhuàn lái zhuàn qù, zěnme yě xiǎng bu chū ge hǎo bànfǎ. Zhèngzài dàjiā dōu fāchóu de shíhou, yí ge xiǎoháir cóng rénqún zhōng pǎo chulai shuō: "Wǒ yǒu bànfǎ!" Dàjiā yí kàn, yuánlái shì Cáo Cāo de xiǎo érzi Cáo Chōng, dàjiā zuǐli bù shuō, xīnli què zài xiǎng: "Hng! Dàrén dōu xiǎng bu chu bànfǎ lai, nǐ yí ge xiǎoháizi huì yǒu

shénme bànfǎ！"

5. Cáo Cāo suīrán zhīdào zhège háizi cōngming, kě háishi yǒudiǎnr bàn xìn bàn yí, tā wèn Cáo Chōng："Nǐ yǒu shénme bànfǎ? Kuài shuō chulai ràng dàjiā tīngting." Cáo Chōng shuō："Wǒ chēng gěi nǐmen kàn, nǐmen jiù míngbai le." Shuōzhe, tā jiào rén qiānzhe dàxiàng gēn tā dào hé biān qù. Tā de fùqīn, hái yǒu nàxiē guānyuánmen dōu xiǎng kànkan tā dàodǐ zěnme chēng dàxiàng, dàjiā dōu yìqǐ gēnzhe tā láidàole hé biān. Hé biān yǒu yì tiáo kōngzhe de dàchuán, Cáo Chōng shuō："Bǎ dàxiàng qiān dào chuán shang qù." Dàxiàng shàngle chuán, chuán jiù wǎng xià chénle yìxiē. Cáo Chōng shuō："Qǐng āizhe shuǐmiàn zài chuánbāng shang huà yí dào jìhao." Jìhao huà hǎo le, Cáo Chōng yòu jiào rén bǎ dàxiàng qiān shang àn lai. Dàjiā nǐ kànzhe wǒ, wǒ kànzhe nǐ, shuí yě bù míngbai zhè shì zěnme huí shì.

6. Jiē xialai Cáo Chōng yòu jiào rén tiāole shíkuài, zhuāng dào dà chuán shang qu, tiāole yí dàn yòu yí dàn, dà chuán yòu mànmàn de wǎng xià chén le. Děng chuánbāng shang de jìhao āizháole shuǐmiàn, Cáo Chōng jiù dà shēng de hǎn："Hǎole hǎole, bú yào jiā shítou le." Ránhòu tā jiào rén bǎ tiāo xià chuán de shítou dōu chēngchū zhòngliàng.

7. Zhè shíhou, dàjiā cái míngbai le：rúguǒ zhuāng shítou de chuán xiàchén dào gāngcái zhuāng dàxiàng shí huà de nàge jìhao shàng, nàme shítou hé dàxiàng de zhòngliàng jiù shì yíyàng de. Zhǐyào bǎ zhèxiē shíkuài chēng yi chēng, suànchū suǒyǒu shíkuài de zǒng zhòngliàng, bú jiù kěyǐ zhīdào dàxiàng de zhòngliàng le ma?

8. Dàjiā dōu shuō, zhè bànfǎ kàn qilai jiǎndān, kě yào bú

shì Cáo Chōng zuò gěi dàjiā kàn, dàrén hái zhēn xiǎng bu chūlái ne. Rénmen dōu kuājiǎng xiǎo Cáo Chōng zhēn cōngming.

课文英译

7. Cao Chong Weighs an Elephant

1. In the Three Kingdoms Period, there was a famous military strategist called Cao Cao. Cao Chong, the youngest of his many sons, was very clever. When Cao Chong turned 5, someone gave his father Cao Cao an elephant as a present. Cao cao was very pleased, and took his sons and many officials to see it.

2. The elephant was tall and heavy, with a thick, strong trunk and long, white tusks. Its body was like a wall, while its four legs were like pillars. While looking at the elephant, those present were discussing, "How heavy would this big elephant be?" Hearing this, Cao Cao asked, "Who can weigh this elephant?"

3. The elephant is the largest land animal in the world. How can it possibly be weighed! The officials discussed this noisily amongst themselves. One said, "Cut down a big tree and use it as a balance. Wouldn't we be able to weigh the elephant this way?" Others responded immediately, "That won't work. No one would be able to lift the elephant to be weighed." Some even suggested killing the elephant and weighing it piece by piece. After hearing this, Cao Cao only shook his head.

4. Those present kept walking back and forth around the elephant, but still could not come up with a good idea to solve this problem. At that moment, a child came running out of the crowd, shouting, "I've got it!" The crowd turned to him, and, seeing it was Cao Cao's youngest son, Cao Chong. They said nothing. However, they were all thinking, "If adults can't think of a solution to this problem, what chance does a child have!"

5. Although Cao Cao knew that his youngest son was very clever, he was still not quite convinced, "What solution do you have? Tell us and let us see if it will work or not." "Let me show you, then you will understand," Cao Chong said. He had others lead the elephant down to the riverside, while his father and the officials, wanting to see exactly how he planned to weigh the elephant, followed. There was a large, empty boat in the river. Cao Chong said, "Lead the elephant onto the boat". They did so, and the boat sunk lower into the water. Cao Chong then asked, "Please mark the level of the water on the side of the boat." Once this was accomplished, the elephant was lead out off the boat. The crowd looked at each other, but still could not understand what he was doing.

6. Cao Chong then asked the people to bring rocks and place them in the boat. Under the weight of the rocks, the boat gradually started to sink. When the water level reached the mark that had been made when the elephant was in the boat, Cao Chong shouted, "That's enough! Don't add any more rocks!" Then he sent someone to weigh the rocks that had been placed in the boat.

7. People finally understood. If the weight of the rocks placed in the boat sunk it to the same level that the elephant did, then the weight of the rocks must be the same as that of the elephant. All they

had to do was to weigh the rocks and calculate the total weight.

8. Everyone said that although this solution seems quite simple, if Cao Chong had not come up with it, no one else would have. They all praised his cleverness.

生词

1.	称	chēng	(动)	to weigh
2.	秤	chèng	(名)	steelyard
3.	军事家	jūnshìjiā	(名)	strategist
4.	官员	guānyuán	(名)	official
5.	议论	yìlùn	(动)	to discuss
6.	陆地	lùdì	(名)	land
7.	七嘴八舌	qī zuǐ bā shé		with many people speaking all at once
8.	发愁	fāchóu	(动)	to be worried; to be anxious
9.	半信半疑	bàn xìn bàn yí		to dubitate, to be not quite convinced
10.	牵	qiān	(动)	to pull, to lead along
11.	挨	āi	(动)	to get close to
12.	船帮	chuánbāng	(名)	shipboard, side of a ship
13.	记号	jìhao	(名)	mark, sign, symbol
14.	挑	tiāo	(动)	to carry things with a pole on one's shoulder
15.	担	dàn	(量)	dan [a unit of weight]
16.	夸奖	kuājiǎng	(动)	to praise, to commend

背景知识

1. 三国： 东汉末年，诸侯纷争，逐步形成了由曹丕、刘备和孙权建立的三个政权——魏国、蜀国和吴国。这一时期被称做三国时期。

At the end of the Eastern Han Dynasty, wars broke out among the feudal lords. The land was divided by Cao Pi, Liu Bei, and Sun Quan into three kingdoms: Wei, Shu, and Wu. This period has been called the Three Kingdoms Period.

2. 曹操： 曹丕的父亲，汉魏间的著名政治家、军事家、文学家。

Cao Cao, Cao Pi's father, was a famous politician, writer, and military strategist.

3. 曹冲： 是曹操最小也是最喜爱的儿子，聪明过人，可惜年仅12岁时因病死去。

Cao Chong was the youngest and favorite son of Cao Cao. He was very clever. Unfortunately, he died of disease when he was only 12.

注释

1. 这头象**又**高**又**大，鼻子**又**粗**又**壮，牙齿**又**白**又**长。
砍一棵**又**高**又**粗**又**长的大树来做秤，不就可以称出大象的重量了吗？

"又……又……"表示多种（常为两种）动作、状态、情况同时在一起。可连接动词、形容词和短语。

"又……又……" can connect two actions, states, or situations. The words it connects can be verbs, adjectives or phrases.

例如：他高兴得又唱又跳。

这孩子又聪明又漂亮，真让人喜欢。

我又想去看电影又想去游泳。

他又高又帅又聪明，所有的人都喜欢他。

2. 大家**一边**看**一边**议论："这么大的象有多重啊？"

"一边……一边……"表示两种以上的动作同时进行，只能用于动词前。可以用于不同主语。和单音节的动词组合时"一"可以省略，但这时只能用于同一主语。

"一边……一边……" means two or more actions happen at the same time. It can only be used before a verb and have different subjects. The "一" can be omitted when it is followed by a single syllable word, but it can only modify for the same subject then.

例如：我（一）边听音乐（一）边写作业。

孩子们（一）边唱（一）边跳。

老师一边说，我一边想。（"一"不可省）

3. 大家围着大象转来转去，怎么也想不出个好办法。
   "V₁来V₂去"表示动作的多次重复。V₁和V₂经常是相同的，有时候也可以是近义词。
   "V₁来V₂去" indicates the repetition of the same action. The two verbs are often the same or similar in meaning.
   例如：已经八点了，孩子还没有回来。妈妈急得在房间里走来走去。
   我想来想去，还是决定去北京学汉语。
   你挑来拣去，到底买不买？
   我昨天晚上躺在床上翻来覆去睡不着觉。

4. 接下来曹冲又叫人挑了石块，装到大船上去，挑了一担又一担，大船又慢慢地往下沉了。
   "一＋（量词）＋又＋一＋（量词）"这样的结构表示反复多次。
   "一＋(measure word)＋又＋一＋(measure word)" means that an action is repeated many times.
   例如：他太饿了，吃了一碗又一碗，还没吃饱。
   你怎么看了一遍又一遍，还没看完？
   我们学了一课又一课，终于学完了。
   一天又一天，一年又一年，时间过得真快！

练习

一、请根据课文内容在 A、B、C、D 四个答案中选择唯一正确的答案。

1. 大家看到大象之后对_____很好奇。
   A. 大象的样子　　　　B. 大象的重量
   C. 曹冲的想法　　　　D. 曹操的想法

2. 曹操_____大家称大象的方法。
   A. 很满意　　B. 不同意　　C. 很喜欢　　D. 不知道

3. 曹冲说他有办法称出大象的重量，大家都觉得_____。
   A. 很高兴　　B. 很吃惊　　C. 很怀疑　　D. 很发愁

4. 大家跟着曹冲到河边是因为他们_____。
   A. 想看曹冲的笑话　　　　B. 很想知道曹冲怎么称大象
   C. 不得不听曹操的话　　　D. 也想出了称大象的方法

5. 曹冲叫人挑石头上船时大家_____。
   A. 都明白了他的想法　　　B. 还在怀疑他是否会称大象
   C. 都觉得他脑子有问题　　D. 都不知道他要干什么

6. 曹冲最后_____。
   A. 还是没有称出大象的重量
   B. 一定能让大家知道大象的重量
   C. 没有得到大家的夸奖
   D. 只知道石块的重量

二、请根据课文内容将下列句子按照合适的顺序排列。

1. 通过这件事，大家都觉得曹冲真是一个聪明的孩子。
2. 曹操得到了一头大象，但没法知道它的重量。
3. 曹冲让人把大象牵到船上，船下沉后画了一个记号。
4. 等船下沉到记号的时候就停止，不再放了。
5. 然后又让人给船上放石块。
6. 这样就知道大象的重量了。
7. 最后，曹冲让人称一下儿石块的重量，再加起来。

三、下面的句子中有一个或两个空儿，请根据课文的意思在A、B、C、D四个答案中选择唯一恰当的填上。

1. 大家边看_____说："谁有办法称出大象的重量来呀。"
   A. 一边　　B. 又　　C. 边　　D. 既

2. 曹冲说自己有办法称出大象的重量，曹操听了又相信_____怀疑。
   A. 还　　B. 也　　C. 既　　D. 又

3. 大家_____，也不知道曹冲到底要干什么。
   A. 猜来想去　B. 来来去去　C. 想来想去　D. 想想

4. 人们称了一次_____一次，终于知道了石块的总重量。
   A. 加　　B. 又　　C. 还　　D. 再

5. 因为船装石块和装大象时下沉到了相同的地方，所以石块的总重量_____是大象的重量。
   A. 就　　B. 都　　C. 总　　D. 那么

四、下面这段文字中有若干个空儿（空儿中标有题目序号），请根据课文的意思在A、B、C、D四个答案中选择唯一恰当的词语。

曹冲从小就非常聪明。____1____他七岁的时候，有一天，管仓库（storehouse）的人哭____2____来找他，说："老

鼠把你爸爸的马鞍（saddle）咬破了，他_____3_____会杀了我的。"原来，当时的人们认为老鼠咬破了东西就会发生不好的事情，_____4_____管仓库的人很担心。曹冲听后叫这个人不用害怕，他说："你别担心，我会救你的。"

曹冲回到自己的房间，拿了一件衣服把它_____5_____破，然后就去找曹操。他_____6_____看到曹操就哭了起来，说："我的衣服被老鼠咬破了，我一定会倒霉的。"曹操一听就马上安慰他说："老鼠咬破东西是很_____7_____的事情，你不要担心了，没事的。"

这时，那个管仓库的人也来了，他告诉曹操马鞍被老鼠咬破的事情。曹操说："我儿子放在身边的衣服_____8_____被老鼠咬破了，放在仓库里的马鞍就更不用说了。你回去吧，以后小心老鼠就行了。"曹操没有批评那个人，更_____9_____杀他。曹冲_____10_____用自己的聪明救了一个人的命。

    1. A. 在　　　　B. 当　　　　C. 从　　　　D. 等
    2. A. 了　　　　B. 着　　　　C. 过　　　　D. 完
    3. A. 一定　　　B. 可能　　　C. 就　　　　D. 将来
    4. A. 可是　　　B. 所以　　　C. 反而　　　D. 为了
    5. A. 咬　　　　B. 弄　　　　C. 踩　　　　D. 抓
    6. A. 都　　　　B. 刚才　　　C. 一来　　　D. 一
    7. A. 正常　　　B. 自然　　　C. 绝对　　　D. 一定

8. A. 没　　　B. 又　　　C. 都　　　D. 再
9. A. 不用　　B. 不　　　C. 没有　　D. 不会
10. A. 还　　 B. 再　　　C. 也　　　D. 又

试试看

你还听过什么其他的智慧故事？把你听过的故事和大家分享一下儿。

八　司马光砸缸

1. 北宋时期有个著名的大政治家，叫司马光。他从小就喜欢学习，也很善于思考问题。学习之余，司马光经常和小伙伴们一起玩儿。大人们常常告诉孩子，玩儿的时候要注意安全，不要到危险的地方去。司马光把大人的话牢牢记在心里，可是有个孩子却不听大人的劝告，总喜欢爬到高处去玩儿。

2. 有一天，司马光和小伙伴们在一起玩耍。玩儿着玩儿着，那个孩子又爬到树上去了。他从树上又爬到了墙上，坐在墙头上喊："你们抓不着我！你们抓不着我！"大家都让他快下来，他不听，还在墙头上走了起来。忽然，那个孩子身子一歪，从墙头上掉了下来。那时候每家的院子里都有一个大水缸，里面装满了水。只听"咕咚"一声，那个孩子掉进了墙角的水缸里。看到这情景，在场的小伙伴们都惊呆了。大家愣在那里不知道该怎么办，有的孩子还吓得哭了起来。

3. 司马光大声说："大家别慌，别害怕！"他让一个孩子跑回家去叫大人，自己站在水缸旁边想办法。他想把缸推倒，可是盛满水的缸太沉了，根本推不动。他想伸手去拉自己的伙伴出来，可是缸太高，他的手够不着。时间一分一秒地过去了，司马光还是没有想出办法。怎么办？等到大人来，恐怕就来不及了。

4. 突然，司马光看到院子里有一块大石头，他急中生智，立刻想到了一个主意。他跑过去把大石头搬了起来，走到缸前，用尽全身的力气举起石头向水缸砸去。"喀嚓"一声，大水缸破了，里面的水哗哗地流了出来。缸里的水流光了，孩子的头从破洞口露了出来。司马光连忙把那个孩子从洞口拉了出来。那个孩子咳嗽了两声，吐出了几口水，睁开了眼睛。司马光看到他的伙伴还活着，高兴地笑了。

5. 这时得到了消息的大人才急急忙忙跑了过来。大家看到掉进水缸的孩子已经得救了，都长长地松了一口气。

6. 听了司马光砸缸救人的过程，大家都夸他是个机智勇敢的好孩子。

（共计745字，建议阅读时间8分钟）

课文拼音

8. Sīmǎ Guāng Zá Gāng

1. Běi Sòng shíqī yǒu gè zhùmíng de dà zhèngzhìjiā, jiào Sīmǎ Guāng. Tā cóngxiǎo jiù xǐhuan xuéxí, yě hěn shànyú sīkǎo wèntí. Xuéxí zhī yú, Sīmǎ Guāng jīngcháng hé xiǎo huǒbànmen yìqǐ wánr. Dàrénmen chángcháng gàosu háizi, wánr de shíhou yào zhùyì ānquán, bú yào dào wēixiǎn de dìfang qù. Sīmǎ Guāng bǎ dàrén de huà láoláo jì zài xīnli, kěshì yǒu ge háizi què bù tīng dàrén de quàngào, zǒng xǐhuan pá dào gāochù qù wánr.

2. Yǒu yì tiān, Sīmǎ Guāng hé xiǎo huǒbànmen zài yìqǐ wánshuǎ. Wánrzhe wánrzhe, nàge háizi yòu pá dào shù shang qù le. Tā cóng shù shang yòu pá dàole qiáng shang, zuò zài qiángtou shang hǎn: "Nǐmen zhuā bu zháo wǒ! Nǐmen zhuā bu zháo wǒ!" Dàjiā dōu ràng tā kuài xialai, tā bù tīng, hái zài qiángtou shang zǒule qilai. Hūrán, nàge háizi shēnzi yì wāi, cóng qiángtou shang diàole xialai. Nà shíhou měi jiā de yuànzi li dōu yǒu yí ge dà shuǐgāng, lǐmian zhuāngmǎnle shuǐ. Zhǐ tīng "gudong" yì shēng, nàge háizi diàojìnle qiángjiǎo de shuǐgāng li. Kàndào zhè qíngjǐng, zàichǎng de xiǎo huǒbànmen dōu jīngdāi le. Dàjiā lèng zài nàli bù zhīdào gāi zěnme bàn, yǒude háizi hái xià de kūle qilai.

3. Sīmǎ Guāng dàshēng shuō: "Dàjiā bié huāng, bié hàipà!" Tā ràng yí ge háizi pǎo huí jiā qù jiào dàrén, zìjǐ zhàn zài shuǐgāng pángbiān xiǎng bànfǎ. Tā xiǎng bǎ gāng tuīdǎo,

kěshì chéngmǎn shuǐ de gāng tài chén le, gēnběn tuī bu dòng. Tā xiǎng shēn shǒu qù lā zìjǐ de huǒbàn chulai, kěshì gāng tài gāo, tā de shǒu gòu bu zháo. Shíjiān yì fēn yì miǎo de guòqu le, Sīmǎ Guāng háishi méiyǒu xiǎngchū bànfǎ. Zěnme bàn? Děng dào dàrén lái, kǒngpà jiù láibují le.

4. Tūrán, Sīmǎ Guāng kàndào yuànzi li yǒu yí kuài dà shítou, tā jí zhōng shēng zhì, lìkè xiǎngdàole yí ge zhǔyi. Tā pǎo guoqu bǎ dà shítou bānle qilai, zǒu dào gāng qián, yòngjìn quánshēn de lìqi jǔqǐ shítou xiàng shuǐgāng zá qù. "Kacha" yì shēng, dà shuǐgāng pò le, lǐmian de shuǐ huāhuā de liúle chulai. Gāngli de shuǐ liúguāng le, háizi de tóu cóng pò dòngkǒu lùle chulai. Sīmǎ Guāng liánmáng bǎ nàge háizi cóng dòngkǒu lāle chulai. Nàge háizi késoule liǎng shēng, tùchūle jǐ kǒu shuǐ, zhēngkāile yǎnjing. Sīmǎ Guāng kàndào tā de huǒbàn hái huózhe, gāoxìng de xiào le.

5. Zhèshí dédàole xiāoxi de dàrén cái jíjímángmáng pǎole guolai. Dàjiā kàndào diàojìn shuǐgāng de háizi yǐjīng déjiù le, dōu chángcháng de sōngle yì kǒu qì.

6. Tīngle Sīmǎ Guāng zá gāng jiù rén de guòchéng, dàjiā dōu kuā tā shì ge jīzhì yǒnggǎn de hǎo háizi.

课文英译

8. Sima Guang Smashing the Water Vat

1. During the Northern Song Dynasty, there was a famous politician called Sima Guang. From a young age, he liked studying and was

good at solving problems. He often played with his pals in his spare time. The adults often told the children, "Play carefully. Stay away from dangerous places." Sima Guang bear this in mind, but one of the children would not listen to the adults' advice. He liked to climb up to higher places to play.

2. One day, while they were playing, this boy climbed a tree again. He then climbed from the tree onto a wall, sat on top of it, and shouted, "You can't catch me! You can't catch me!" The others urged him to come down quickly, but he would not listen. He even stood up and started walking along the wall. Suddenly he lost his balance and fell off the wall. At that time, each household had a large water vat full of water in their yards. With a splash the boy fell into a water vat. Seeing this, the children on the spot were all startled, not knowing what to do. Some of them even started to cry.

3. Sima Guang shouted, "Don't worry, and don't be afraid!" He sent one of the children home to call for help, while he stayed by the water vat to think of a solution. He thought of pushing the vat over, but the vat, full of water, was just too heavy. He also thought of stretching out his hand to pull his friend out, but the vat was too high, and his arm was too short. Time ticked by, and still he had not thought of a solution. What should he do? He was afraid that if they waited for the adults to come, it would be too late.

4. Suddenly, he noticed that there was a big rock in the yard. A plan quickly came to his mind. He rushed over, picked up the rock, and using all the strength he could muster, smashed it against the vat. With a crack, a hole appeared in the water vat, and the water rushed out. When all the water had emptied from the vat, the boy's head poked out of the hole. Sima Guang quickly pulled him out of the vat.

The boy coughed, spit out some water, and opened his eyes. Seeing his pal was alive, Sima Guang smiled happily.

5. Just then, the adults rushed to the spot. Seeing the boy who had fallen into the water vat had already been rescued, they were all greatly relieved.

6. Hearing how Sima Guang had smashed the vat to rescue the boy, they all praised him for his ingenuity and courage.

生词

1.	砸	zá	(动)	to pound, to smash
2.	缸	gāng	(名)	vat, jar
3.	政治家	zhèngzhìjiā	(名)	statesman, politician
4.	善于	shànyú	(动)	to be good at
5.	牢	láo	(形)	firm
6.	劝告	quàngào	(动)	to advise, to exhort
7.	玩耍	wánshuǎ	(动)	to play
8.	情景	qíngjǐng	(名)	condition, circumstance
9.	愣	lèng	(形)	stupefied
10.	沉	chén	(形)	heavy
11.	根本	gēnběn	(副)	at all
12.	够	gòu	(动)	to reach (something with one's hand, etc.)
13.	恐怕	kǒngpà	(副)	perhaps, maybe
14.	急中生智	jí zhōng shēng zhì		to show resourcefulness in an emergency
15.	尽	jìn	(形)	all

16. 露	lù	（动）	to show, to become visible
17. 咳嗽	késou	（动）	to cough
18. 松	sōng	（动）	to relax
19. 机智	jīzhì	（形）	clever, quick-witted

背景知识

1. 北宋：宋是唐五代动乱之后中国重新归于统一的一个王朝，公元960年由宋太祖赵匡胤建立，都城在汴京，也就是今天的河南开封。公元1127年被金所灭，史称北宋。皇子赵构在临安（今天的杭州）复国，史称南宋。

The Song（960-1279）was the dynasty after the Tang Dynasty to unify China. The Song Dynasty was founded by Zhao Kuangyin who was none other than Emperor Taizu in 960 with its capital as Bianjing, today's Kaifeng, in Henan Province. The Song Dynasty is divided into two periods—the Northern Song（960-1127）and the Southern Song（1127-1279）. In 1127, the Jin Dynasty brought an end to the Northern Song. Unable to defeat the northern invaders, the emperor Zhao Gou moved his capital to Lin'an（today's Hangzhou）. The new regime he headed was referred to by historians as Southern Song.

2. 司马光：北宋大臣，著名的政治家和史学家，编写了《资治通鉴》这部有名的史书。

Sima Guang was a chancellor of the Northern Song Dynasty, and a famous statesman and historian. He also wrote the famous historical work *Historical Events Refold as a Mirror for Government*.

注释

1. 玩儿着玩儿着，那个孩子**又**爬到树上去了。

"又"表示动作重复，是第二次出现。一般由前后两个小句重复同一动词。这个例句中没有前半句，暗含着以前有过这类事情。

"又" indicates the repetition of an action. Generally, it connects two sentences. In this sentence, the first part does not appear, which implies that this action has happened before.

例如：你昨天去买东西，今天怎么又去了？
　　　你又骗人！以后没人相信你了。

"还"也可以表示动作的重复，但"又"主要表示已经实现的动作，"还"表示未实现的动作。

"还" also indicates the repetition of an action; but it means the action will happen in the future.

例如：他昨天来了，今天又来了。
　　　他昨天来了，今天还想来。

2. 大家都让他快下来，他不听，<u>还</u>站在墙头上走了起来。大家愣在那里不知道该怎么办，有的孩子还吓得哭了起来。

"还"表示更进一层。前面的小句中可以用"不但、不仅、不光"。
"还" means "furthermore". "不但", "不仅", or "不光", etc. It can be used in the previous clause.

例如：他不但（不仅／不光）会唱歌，还会跳舞。
　　　我问了她半天，她不但（不仅／不光）不说话，还哭了起来。

练 习

一、请写出下面句子里画线词的近义词。

1. 司马光是北宋时期<u>著名</u>的政治家。　　（　　　）
2. 司马光想出了一个非常聪明的<u>主意</u>。　（　　　）
3. 水从缸里流出来，不一会儿就流<u>光</u>了。（　　　）
4. <u>盛满</u>水的缸太沉了，一个孩子根本推不动。（　　　）

二、请根据课文内容在 A、B、C、D 四个答案中选择唯一正确的答案。

1. 这个故事发生在司马光_____。
　　A. 成年以后　　　　　B. 小时候
　　C. 老了以后　　　　　D. 青年时期

2. 从高处掉下来的小孩_____。
   A. 平时就很喜欢爬高　　B. 偶尔爬树上墙
   C. 觉得上树很危险　　　D. 不喜欢和司马光玩儿

3. 那个小孩是_____。
   A. 被人推下来的　　　　B. 自己掉下来的
   C. 因为害怕掉下来的　　D. 听见别人叫他自己下来的

4. 看到小伙伴掉进了水缸，司马光_____。
   A. 又着急又害怕　　　　B. 不害怕不着急
   C. 很着急但并不慌　　　D. 又急又慌

5. 司马光一共想了_____个办法。
   A. 一　　　B. 两　　　C. 三　　　D. 四

6. 第3段画横线的句子意思是_____。
   A. 时间过得很快　　　　B. 时间还很多
   C. 时间过去的不多　　　D. 时间只有一分一秒

7. 司马光砸缸是为了_____。
   A. 让水流出来使伙伴不被淹死
   B. 让伙伴从缸里爬出来
   C. 给伙伴报仇
   D. 让大家看自己力气很大

8. 第5段画横线的句子意思是_____。
   A. 放心　　　　　　　　B. 能够呼吸
   C. 呼出一口气　　　　　D. 放弃

三、下面的句子中有一个或两个空儿，请根据课文的意思在A、B、C、D四个答案中选择唯一恰当的填上。

1. 司马光不但喜欢学习，_____很善于思考问题。
   A. 还　　　B. 而是　　　C. 又　　　D. 总

2. 小伙伴们平时总在一起玩儿，这天他们_____在一起玩儿了起来。
   A. 再　　　B. 又　　　C. 还　　　D. 才

3. 大人们不让孩子到危险的地方玩儿，可是有一个孩子还是_____爬高。
   A. 总是　　　B. 经常　　　C. 往往　　　D. 总算

4. 司马光看到伙伴掉进了水缸里，就对一个孩子说："_____去叫大人来。"
   A. 连忙　　　B. 急忙　　　C. 赶快　　　D. 飞快

四、下面这段话中有若干个空儿，请根据上下文的意思在每一个空格中填写一个恰当的汉字。

司马光不仅聪明，还很_____实。一次他让自己的家人去把家中一_____骑了多年的马卖掉。家人临走时，司马光对他说："你一_____要告诉买马的人，这匹马很好，但是到了夏天它很_____易生病。"家人听了就笑他，卖瓜的人都会说自己的瓜甜，哪里有人会说自己_____的东西不好呢？司马光说："马卖多少钱没关系，但是一个人的名声是最_____要的。我不能_____了钱去骗人。这是做人的道理。"大家知道了这件事，都非常敬佩他。

试试看

在现代的条件下，如果遇到课文中的情况你觉得什么办法可以更快地把人救出来？

九　田忌赛马

1. 两千多年前，齐国有个人叫田忌。他很喜欢赛马。有一天，齐王对他说："听说你又买了一些好马，我们赛赛怎么样？"田忌很高兴地答应了。

2. 他们商量好，把各自的马分成上、中、下三等。比赛的时候，他们上等马和上等马比，中等马和中等马比，下等马和下等马比。可是齐王每个等级的马都比田忌的马强得多，所以比赛了几次，田忌都输了。

3. 田忌觉得很扫兴，比赛还没有结束，就低着头准备离开赛马场。突然一个人挡住了他。田忌抬头一看，原来是自己的好朋友孙膑。孙膑拍着田忌的肩膀说："我刚才看了赛马，齐王的马比你的马快不了多少呀。"孙膑还没有说完，田忌就瞪了他一眼："想不到你也来嘲笑我！"孙膑说："我不是嘲笑你，而是让你再和齐王赛一次，我有办法准能让你赢了他。"田忌疑惑地看着孙膑："你是说让我另换一些马来？"孙膑摇摇头说："连一匹马也不需要更换。"田忌毫无信心地说："那还不是照样得输！"孙膑胸有成竹地说："放心吧，只要你按照我的安排，一定能赢了齐王。"

4. 齐王屡战屡胜，正在得意扬扬地夸耀自己的马时，看见田忌和孙膑走过来，便站起来讥讽田忌说："怎么，难道你还不服气？"田忌说："当然不服气，咱们再赛一次！"齐王一听，觉得很好笑，就说："这次再输，你的面子就丢光了。"孙膑笑着说："还不一定谁输谁赢呢。"齐王轻蔑地笑笑："开始吧！"

5. 新的比赛又开始了。孙膑先用下等马来和齐王的上等马比赛，第一局当然输了。齐王站起来说："想不到聪明的孙膑先生，竟然想出这么愚蠢的办法。"

6. 孙膑不理他。接着进行第二局比赛。孙膑拿上等马和齐王的中等马来比赛，田忌的上等马比齐王的中等马跑得快，他们赢了第二局。齐王有点儿心慌意乱了。

7. 第三局比赛，孙膑拿中等马和齐王的下等马比赛，很轻松地又赢了这局。这下，齐王目瞪口呆了。

8. 比赛的结果是三局两胜，当然是田忌赢了齐王。还是同样的马匹，只是改变了一下儿比赛的出场顺序，就得到完全相反的结果。你们说，孙膑是不是很聪明呢？

（共计826字，建议阅读时间9分钟）

课文拼音

9. Tián Jì Sài Mǎ

1. Liǎng qiān duō nián qián, Qí Guó yǒu ge rén jiào Tián Jì. Tā hěn xǐhuan sài mǎ. Yǒu yì tiān, Qí Wáng duì tā shuō: "Tīngshuō nǐ yòu mǎile yìxiē hǎo mǎ, wǒmen sàisai zěnmeyàng?" Tián Jì hěn gāoxìng de dāying le.

2. Tāmen shāngliang hǎo, bǎ gèzì de mǎ fēnchéng shàng, zhōng, xià sān děng. Bǐsài de shíhou, tāmen shàngděng mǎ hé shàngděng mǎ bǐ, zhōngděng mǎ hé zhōngděng mǎ bǐ, xiàděng mǎ hé xiàděng mǎ bǐ. Kěshì Qí Wáng měi ge děngjí de mǎ dōu bǐ Tián Jì de mǎ qiáng de duō, suǒyǐ bǐsàile jǐ cì, Tián Jì dōu shū le.

3. Tián Jì juéde hěn sǎoxìng, bǐsài hái méiyǒu jiéshù, jiù dīzhe tóu zhǔnbèi líkāi sàimǎchǎng. Tūrán yí ge rén dǎngzhùle tā. Tián Jì tái tóu yí kàn, yuánlái shì zìjǐ de hǎo péngyou Sūn Bìn. Sūn Bìn pāizhe Tián Jì de jiānbǎng shuō: "Wǒ gāngcái kànle sàimǎ, Qí Wáng de mǎ bǐ nǐ de mǎ kuài bu liǎo duōshao ya." Sūn Bìn hái méiyǒu shuōwán, Tián Jì jiù dèngle tā yì yǎn: "Xiǎng bu dào nǐ yě lái cháoxiào wǒ!" Sūn Bìn shuō: "Wǒ bú shì cháoxiào nǐ, érshì ràng nǐ zài hé Qí Wáng sài yí cì, wǒ yǒu bànfǎ zhǔn néng ràng nǐ yíngle tā." Tián Jì yíhuò de kànzhe Sūn Bìn: "Nǐ shì shuō ràng wǒ lìng huàn yìxiē mǎ lái?" Sūn Bìn yáoyao tóu shuō: "Lián yì pǐ mǎ yě bù xūyào gēnghuàn." Tián Jì háo wú xìnxīn de shuō: "Nà hái bú shì zhàoyàng děi shū!" Sūn Bìn xiōng yǒu chéng zhú de shuō:

"Fàngxīn ba, zhǐyào nǐ ànzhào wǒ de ānpái, yídìng néng yíngle Qí Wáng."

4. Qí Wáng lǜ zhàn lǜ shèng, zhèngzài déyì yángyáng de kuāyào zìjǐ de mǎ shí, kànjiàn Tián Jì hé Sūn Bìn zǒu guolai, biàn zhàn qilai jīfěng Tián Jì shuō:"Zěnme, nándào nǐ hái bù fúqì?" Tián Jì shuō:"Dāngrán bù fúqì, zánmen zài sài yí cì!" Qí Wáng yì tīng, juéde hěn hǎoxiào, jiù shuō:"Zhè cì zài shū, nǐ de miànzi jiù diūguāng le." Sūn Bìn xiàozhe shuō:"Hái bùyídìng shuí shū shuí yíng ne." Qí Wáng qīngmiè de xiàoxiao:"Kāishǐ ba!"

5. Xīn de bǐsài yòu kāishǐ le. Sūn Bìn xiān yòng xiàděng mǎ lái hé Qí Wáng de shàngděng mǎ bǐsài, dì yī jú dāngrán shū le. Qí Wáng zhàn qilai shuō:"Xiǎng bu dào cōngming de Sūn Bìn xiānsheng, jìngrán xiǎngchū zhème yúchǔn de bànfǎ."

6. Sūn Bìn bù lǐ tā. Jiēzhe jìnxíng dì'èr jú bǐsài. Sūn Bìn ná shàngděng mǎ hé Qí Wáng de zhōngděng mǎ lái bǐsài, Tián Jì de shàngděng mǎ bǐ Qí Wáng de zhōngděng mǎ pǎo de kuài, tāmen yíngle dì'èr jú. Qí Wáng yǒudiǎnr xīnhuāng yì luàn le.

7. Dìsān jú bǐsài, Sūn Bìn ná zhōngděng mǎ hé Qí Wáng de xiàděng mǎ bǐsài, hěn qīngsōng de yòu yíngle zhè jú. Zhèxià, Qí Wáng mù dèng kǒu dāi le.

8. Bǐsài de jiéguǒ shì sān jú liǎng shèng, dāngrán shì Tián Jì yíngle Qí Wáng. Háishi tóngyàng de mǎpǐ, zhǐshì gǎibiànle yíxiàr bǐsài de chūchǎng shùnxù, jiù dédào wánquán xiāngfǎn de jiéguǒ. Nǐmen shuō, Sūn Bìn shì bu shì hěn cōngming ne?

课文英译

9. Tian Ji Goes Horse Racing

1. More than two thousand years ago, there was a man who lived in the Qi State called Tian Ji. He liked horse racing very much. One day, the king of Qi said to him, "I heard you have bought some more good horses. How about we have a race?" Tian Ji happily agreed.

2. They decided to divide their horses into three categories: superior, mediocre, and inferior. When the time came to race, horses from the same category competed. However, the king's horses of each category were much better than Tian Ji's. They competed several times, Tian Ji lost all of them.

3. Tian Ji felt very disappointed, and was preparing to leave the racecourse before the races had even finished when someone suddenly stood in his way. Tian Ji raised his head and saw that it was his good friend, Sun Bin. Sun Bin patted him on the shoulder and said, "I saw the races. The king's horses really aren't much faster than yours." Before he had finished speaking, Tian Ji glared at him, "I didn't think you would laugh at me too!" Sun Bin replied, "I haven't come to laugh at you, but to get you to race against the king one more time. I have a way that will surely allow you to defeat him." Tian Ji looked at Sun Bin with uncertainty, "Do you think I should change my horses?" Sun Bin shook his head, "There's no need at all for that." "Then I'll lose just as before!" Tian Ji replied dejectedly. Sun Bin replied confidently, "Relax! If you do what I say, you will surely defeat the king."

4. The king, winning race after race, was quite pleased with himself and his horses. Seeing Tian Ji and Sun Bin approaching, he stood and jeered, "What? Are you still unconvinced?" Tian Ji replied, "Of course not! Let's race again!" The king found this quite funny, and said, "If you lose again this time, you'll completely lose face." Sun Bin laughed, "Who knows what the result might be." The king laughed scornfully, "OK, let's begin!"

5. The races began. In the first race, Sun Bin raced his inferior horses against the king's superior. Of course, he lost. The king stood up and said, "I can't believe that the wise Sun Bin would come up with such a foolish idea."

6. Sun Bin ignored the king. The second round of races began. This time, Sun Bin raced Tian Ji's superior horses against the king's mediocre horses, and won the second round. The king started to feel a little nervous.

7. In the third round, Sun Bin raced Tian Ji's mediocre horses against the king's inferior horses, and won easily. The king was astonished.

8. Tian Ji won the race, 2 to 1. The horses were the same, but changing the order in which they raced produced a completely different result. Don't you think that Sun Bin is a person full of wisdom?

生词

1. 各自	gèzì	(代)	each
2. 等	děng	(名)	class, grade
3. 输	shū	(动)	to be defeated, to lose

4. 扫兴	sǎoxìng	（形）	disappointed
5. 瞪	dèng	（动）	to glare
6. 准	zhǔn	（副）	certainly
7. 赢	yíng	（动）	to win
8. 疑惑	yíhuò	（动）	to feel uncertain, to be not convinced
9. 胸有成竹	xiōng yǒu chéng zhú		to have a well-thought-out plan
10. 屡	lǚ	（副）	again and again
11. 得意扬扬	déyì yángyáng		pleased with oneself
12. 夸耀	kuāyào	（动）	to show off, to pique oneself on
13. 讥讽	jīfěng	（动）	to ridicule, to mock, to jeer
14. 服气	fúqì	（动）	to be convinced
15. 轻蔑	qīngmiè	（动）	to scorn, to disdain
16. 愚蠢	yúchǔn	（形）	stupid, foolish
17. 心慌意乱	xīn huāng yì luàn		to lose one's balance
18. 目瞪口呆	mù dèng kǒu dāi		to be filled with shocked wonder

背景知识

1. 齐国：是战国时期的一个诸侯国。公元前221年，秦国消灭其他诸侯国，完成了统一，结束了战国时期。

Qi was one of the states in the Warring States Period. In

221 B.C., the Qin State defeated the other states and united China, bringing an end to the Warring States Period.

2. 齐王：指的是齐威王，他公元前356年继位，在位36年，善于采纳他人意见，而使齐国更加强大。

The king of Qi, King Qiwei, ascended the throne in 356 B.C. and ruled for 36 years. He often accepted advice and suggestions from others, which strengthened the Qi State even more.

3. 田忌：战国初期齐国著名大将。他在孙膑的帮助下打赢了两场关键的战役，战胜了魏国。

Tian Ji was a famous general of Qi in the early period of Warring States Period. With Sun Bin's help, he won two pivotal wars and defeated the Wei State.

4. 孙膑：战国时期的军事家，齐国人，是《孙子兵法》作者孙武的后代。他写有《孙膑兵法》一书，但已失传。

Sun Bin was a strategist in the Warring States Period, and a citizen of Qi. He was a descendant of Sun Wu, the author of *Master Sun's Art of War*. Sun Bin wrote his own book on the art of war, but it was lost to the world.

注释

1. 我**不是**嘲笑你，**而是**让你再和齐王赛一次，我有办法准能让你赢了他。

   "不是……而是……"连接的前后两部分，前者表示否定，后者表示肯定。可用于对比说明一件事情，或是一件事情的两个方面。
   "不是……而是……" can be used to connect former and latter parts, the former showing negation and the latter affirmation. It can be used to compare one thing with another or the two aspects of one thing.
   例如：这不是小事，而是关系到学校发展的大事。
   　　　这本书不是我的，而是他的。

2. 当然不服气，咱们**再**赛一次！
   这次**再**输，你的面子就丢光了。

   "再"表示一个动作或一种状态的重复或继续，多用于未实现的动作。
   "再" means the repetition or continuation of one action or state, mostly used for unfulfilled action.
   例如：这部电影真好看，咱们明天再去看吧。
   　　　这个地方真好玩儿，咱们再玩儿一会儿吧。

   "再"和"又"都表示动作重复或继续时的区别在于，"又"常用于动作已实现，"再"用于未实现。
   "再" and "又" both mean an action's repetition or continuation. However, "再" is used for future actions and "再" is used for the past ones.
   例如：她唱完了一首，又唱了一首。大家都说："再唱一首！"
   　　　我让他再坐一会儿，他就又坐了一会儿。

练习

一、下面每个句子都有一个画线的词语，A、B、C、D四个答案是对这一画线词语的不同解释，请根据课文内容，选择最恰当的一种解释。

1. 可是齐王每个等级的马都比田忌的马<u>强</u>得多，所以每场比赛田忌都输了。
   A. 跑得快　　　　　　B. 长得好看
   C. 叫的声音大　　　　D. 长得强壮

2. 田忌毫无信心地说："那还不是<u>照样</u>得输！"
   A. 和原来一样　　　　B. 照刚才的样子
   C. 照你的样子看　　　D. 按照样子

3. 齐王一听，觉得很<u>好笑</u>。
   A. 可以笑　　　　　　B. 好看地笑
   C. 可笑　　　　　　　D. 容易笑

4. 还是同样的马匹，只是改变了一下儿比赛的出场顺序，就得到完全<u>相反</u>的结果。
   A. 反对　　B. 反面　　C. 不同　　D. 不好

二、请根据课文内容在A、B、C、D四个答案中选择唯一正确的答案。

1. 田忌离开赛场时低着头是因为_____。
   A. 比赛输了很不高兴　　B. 比赛很无聊不想看
   C. 怕被别人认出来　　　D. 怕被别人嘲笑

2. 孙膑挡住田忌是为了_____。

   A. 嘲笑他   B. 帮助他   C. 批评他   D. 给他讲道理

3. 孙膑说可以帮助田忌取得比赛的胜利，田忌_____。

   A. 马上很高兴   B. 一开始并不相信

   C. 觉得孙膑在吹牛   D. 认为孙膑在胡说

4. 齐王觉得好笑是因为他觉得_____。

   A. 田忌绝对不可能赢得比赛   B. 孙膑很愚蠢

   C. 孙膑和田忌很会说笑话   D. 田忌可能会赢得比赛

5. 比赛刚开始的时候齐王觉得孙膑的办法很_____。

   A. 聪明   B. 愚蠢   C. 很巧妙   D. 有趣

6. 比赛的结果让齐王很_____。

   A. 吃惊   B. 紧张   C. 害怕   D. 无奈

三、请根据课文内容将下列句子按照合适的顺序排列。

1. 孙膑告诉田忌一定能够帮他取得比赛的胜利。
2. 田忌和齐王都很喜欢赛马，他们决定比一比。
3. 孙膑拿田忌的下等马、上等马和中等马分别和齐王的上等马、中等马和下等马比赛。
4. 可是田忌三个等级的马都不如齐王的。
5. 因此三场比赛都输了。
6. 结果比赛三局两胜，田忌赢了。

四、下面的句子中有一个或两个空儿，请根据课文的意思在A、B、C、D四个答案中选择唯一恰当的填上。

1. 田忌和孙膑＿＿＿＿＿＿对手，＿＿＿＿＿＿朋友。
   A. 不仅……而且……　　　B. 不是……反而……
   C. 不是……而是……　　　D. 不是……但是……

2. 齐王认为即使田忌＿＿＿＿＿＿和他赛一次，也一定会输。
   A. 再　　　B. 又　　　C. 才　　　D. 就

3. 他们＿＿＿＿＿＿进行了一场比赛，这次田忌赢了。
   A. 再　　　B. 又　　　C. 才　　　D. 就

4. 齐王认为孙膑很聪明，可他的办法很愚蠢，因此齐王＿＿＿＿＿＿奇怪。
   A. 一点儿　　B. 一些　　C. 有点儿　　D. 很多

试试看

田忌赛马的方法还可以用到什么事情上？请举例说明。

读故事 | 学汉语

READ STORIES
AND LEARN CHINESE

Àiqíng Piān
爱情 篇
Stories of Love

十　许仙和白娘子

1. 很久以前，杭州西湖底住着一条白蛇和一条青蛇。她们像姐妹一样，感情非常好。她们虽然是妖精，但心地善良，从来也不害人。清明节这天，她们从湖里游出来，变成两个漂亮的姑娘。白蛇给自己取了名字叫白素贞，青蛇就叫小青。原来她们在湖里待的时间长了，觉得很没意思，看到西湖岸边的风景很美丽，就想一起去逛逛。

2. 她们正在断桥上玩儿得高兴，忽然下起雨来。白素贞和小青都没有伞，正着急呢，一位英俊文雅的年轻人走过来说："两位姑娘用这把伞挡挡雨吧。"他们三人约好第二天还伞。

3. 第二天见面后白素贞和小青得知，这个年轻人叫许仙，住在姐姐家里，现在正在学习医术。他们认识之后经常交往，白素贞和许仙的感情也越来越好。白素贞见许仙诚实善良，过了不久就嫁给了他。他们夫妻俩开了一家名叫"保和堂"的药店，日子过得非常幸福。

4. 由于白素贞配的药效果神奇，治好了很多很难治的病，而且她给穷人看病配药还不收钱，所以药店的生意越来越红火，来找白素贞治病的人也越来越多，人们都亲切地叫她"白娘子"。可是，人们的病都被白娘子治好了，就没有人到金山寺烧香求菩萨了，金山寺的法海和尚非常生气。

5. 这天，法海来到保和堂，看到保和堂的病人很多，白娘子正在给人治病，法海非常妒忌。等他仔细一看：哎呀！原来这白娘子不是一般人，而是条白蛇变的！

6. 这下法海觉得机会终于来了。他偷偷把许仙叫到寺中，对他说："你妻子是蛇精变的，你快点儿和她分手吧。不然，她会吃掉你的！"许仙一听就气愤地说："我妻子心地善良，对我非常好。就算她是蛇精，也不会害我！何况她现在已经怀孕，我怎么能离开她呢！"法海见许仙不听他的，又气又恨，就把许仙关在了寺里。

7. 知道许仙被金山寺的法海和尚给"留"住了，白娘子赶紧带着小青来到金山寺，哀求法海放回许仙。法海见了白娘子就说："你这个蛇精，我劝你还是快点儿离开人间，否则别怪我不客气了！"白娘子见法海不放人，就掀起大浪，向金山寺涌过去。法海看到大水马上就要淹到金山寺，就连忙脱下袈裟，变成一道长堤，拦在寺门外。大水涨一尺，长堤就高一尺，大水涨一丈，长堤就高一丈。波浪再大，也漫不过去。白娘子实在斗不过法海，最后被法海压在了西湖边的雷峰塔下。许仙和白娘子这对恩爱夫妻就这样被法海拆散了。

（共计935字，建议阅读时间10分钟）

课文拼音

10. Xǔ Xiān hé Bái Niángzǐ

1. Hěn jiǔ yǐqián, Hángzhōu Xī Hú dǐ zhùzhe yì tiáo báishé hé yì tiáo qīngshé. Tāmen xiàng jiěmèi yíyàng, gǎnqíng fēicháng hǎo. Tāmen suīrán shì yāojing, dàn xīndì shànliáng, cónglái yě bú hài rén. Qīngmíng Jié zhè tiān, tāmen cóng hú li yóu chulai, biànchéng liǎng ge piàoliang de gūniang. Báishé gěi zìjǐ qǔle míngzi jiào Bái Sùzhēn, qīngshé jiù jiào Xiǎoqīng. Yuánlái tāmen zài hú li dāi de shíjiān cháng le, juéde hěn méi yìsi, kàndào Xī Hú ànbiān de fēngjǐng hěn měilì, jiù xiǎng yìqǐ qù guàngguang.

2. Tāmen zhèngzài Duàn Qiáo shang wánr de gāoxìng, hūrán xià qi yǔ lai. Bái Sùzhēn hé Xiǎoqīng dōu méiyǒu sǎn, zhèng zháojí ne, yí wèi yīngjùn wényǎ de niánqīng rén zǒu guolai shuō: "Liǎng wèi gūniang yòng zhè bǎ sǎn dǎngdang yǔ ba." Tāmen sān rén yuēhǎo dì'èr tiān huán sǎn.

3. Dì'èr tiān jiànmiàn hòu Bái Sùzhēn hé Xiǎoqīng dézhī, zhège niánqīng rén jiào Xǔ Xiān, zhù zài jiějie jiāli, xiànzài zhèngzài xuéxí yīshù. Tāmen rènshi zhīhòu jīngcháng jiāowǎng, Bái Sùzhēn hé Xǔ Xiān de gǎnqíng yě yuè lái yuè hǎo. Bái Sùzhēn jiàn Xǔ Xiān chéngshí shànliáng, guòle bùjiǔ jiù jiàgěile tā. Tāmen fūqīliǎ kāile yì jiā míng jiào "Bǎohé Táng" de yàodiàn, rìzi guò de fēicháng xìngfú.

4. Yóuyú Bái Sùzhēn pèi de yào xiàoguǒ shénqí, zhìhǎole hěn duō hěn nánzhì de bìng, érqiě tā gěi qióngrén kànbìng

pèiyào hái bù shōu qián, suǒyǐ yàodiàn de shēngyi yuè lái yuè hónghuo, lái zhǎo Bái Sùzhēn zhìbìng de rén yě yuè lái yuè duō, rénmen dōu qīnqiè de jiào tā "Bái Niángzǐ". Kěshì, rénmen de bìng dōu bèi Bái Niángzǐ zhìhǎo le, jiù méiyǒu rén dào Jīnshān Sì shāoxiāng qiú Púsà le, Jīnshān Sì de Fǎhǎi héshang fēicháng shēngqì.

5. Zhè tiān, Fǎhǎi láidào Bǎohé Táng, kàndào Bǎohé Táng de bìngrén hěn duō, Bái Niángzǐ zhèngzài gěi rén zhìbìng, Fǎhǎi fēicháng dùjì, děng tā zǐxì yí kàn: Āiyā! Yuánlái zhè Bái Niángzǐ bú shì yìbān rén, érshì tiáo báishé biàn de!

6. Zhè xià Fǎhǎi juéde jīhuì zhōngyú lái le. Tā tōutōu bǎ Xǔ Xiān jiàodào sì zhōng, duì tā shuō: "Nǐ qīzi shì shéjīng biàn de, nǐ kuàidiǎnr hé tā fēnshǒu ba. Bùrán, tā huì chīdiào nǐ de!" Xǔ Xiān yì tīng jiù qìfèn de shuō: "Wǒ qīzi xīndì shànliáng, duì wǒ fēicháng hǎo. Jiùsuàn tā shì shéjīng, yě bú huì hài wǒ! Hékuàng tā xiànzài yǐjīng huáiyùn, wǒ zěnme néng líkāi tā ne!" Fǎhǎi jiàn Xǔ Xiān bù tīng tā de, yòu qì yòu hèn, jiù bǎ Xǔ Xiān guān zài le sì li.

7. Zhīdào Xǔ Xiān bèi Jīnshān Sì de Fǎhǎi héshang gěi "liú" zhù le, Bái Niángzǐ gǎnjǐn dàizhe Xiǎoqīng láidào Jīnshān Sì, āiqiú Fǎhǎi fànghuí Xǔ Xiān. Fǎhǎi jiànle Bái Niángzǐ jiù shuō: "Nǐ zhège shéjīng, wǒ quàn nǐ háishi kuài diǎnr líkāi rénjiān, fǒuzé bié guài wǒ bú kèqi le!" Bái Niángzǐ jiàn Fǎhǎi bú fàng rén, jiù xiāngqǐ dàlàng, xiàng Jīnshān Sì yǒng guòqù. Fǎhǎi kàndào dà shuǐ mǎshàng jiù yào yāndào Jīnshān Sì, jiù liánmáng tuōxià jiāshā, biànchéng yí dào chángdī, lán zài sì mén wài. Dà shuǐ zhǎng yì chǐ, chángdī jiù gāo yì chǐ, dà shuǐ zhǎng yí zhàng, chángdī jiù gāo yí zhàng. Bōlàng zài dà,

yě màn bú guòqù. Bái Niángzǐ shízài dòu bú guò Fǎhǎi, zuìhòu bèi Fǎhǎi yā zài le Xī Hú biān de Léifēng Tǎ xià. Xǔ Xiān hé Bái Niángzǐ zhè duì ēn'ài fūqī jiù zhèyàng bèi Fǎhǎi chāisàn le.

课文英译

10. The Love Story of Xu Xian and Madam White Snake

1. A long time ago, there were two snakes who lived at the bottom of Hangzhou's West Lake, one white and one green. They were like sisters, getting along with each other very well. Although they were spirits, they were kind-hearted, and never harmed others. On Tomb-sweeping Day, they came out of the lake and turned into two beautiful young women. The white snake named herself Bai Suzhen, while the green one took Xiao Qing as her name. They were bored with living under the lake, having lived there for quite some time. Seeing the beautiful scenery on the banks of the West Lake, they wanted to go sightseeing.

2. While they were on the Broken Bridge (on the West Lake), it suddenly started raining. They did not have an umbrella with them, and were a little worried. At that very moment, a handsome, well-mannered young man came by and said to them, "Please use my umbrella, ladies." They thanked him and made an appointment the next day to return the umbrella.

3. The next day when they met, Bai Suzhen and Xiao Qing knew

that the young man's name was Xu Xian. He lived with his sister and was studying medicine. The three met often, and Bai Suzhen and Xu Xian gradually fell in love with each other. Bai Suzhen saw that Xu Xian was honest and kind-hearted, and before long was married to him. The couple opened a pharmacy called "Bao He Tang", and led a happy life.

4. The medicine Bai Suzhen made had magical qualities, and were able to cure many diseases that were normally very difficult to cure. She also cured the poor for free. Their business became more and more prosperous, with more and more people coming to Bai Suzhen cured. People affectionately called her the White Lady. However, because people were cured by Bai Suzhen, no one was going to Jin Shan Temple to burn incense and ask for Bodhisattva's help any more, which greatly displeased Fahai, the monk of Jin Shan Temple.

5. One day Fahai went to Bao He Tang to see that the White Lady was curing people. He was extremely jealous of her. Upon looking more closely, he realized, "Ah! This White Lady is not anordinary person, but a snake who has turned into a human being!"

6. Fahai realized he finally had an opportunity. He quietly took Xu Xian to the temple and told him, "Your wife is really a snake in human form. You should leave her, or she might eat you!" Xu Xian angrily replied, "My wife is a kind-hearted woman, and is very good to me. Even if it is as you say, she would never harm me. Furthermore, she is pregnant. How could I leave her!" Upon hearing Xu Xian's reply, Fahai was angry and filled with hate. He locked Xu Xian in the temple.

7. Hearing what had happened to her husband, the White Lady rushed to the Jin Shan Temple, taking Xiao Qing with her, and pleaded

读**故事** 学**汉语**
READ STORIES AND LEARN CHINESE

with Fahai to let Xu Xian go. Fahai said, "I suggest you, siren, to leave the world of men quickly, or I might not be very polite." Seeing Fahai would not let Xu Xian go, the White Lady raised up a wave of water and flooded it to temple. Seeing the wave was about to engulf the temple, Fahai took off his cassock and turned it into a long dam to stop the wave. When the wave rose one foot, the dam also rose one foot; and when the wave rose ten feet, the dam also rose ten feet. No matter how high the wave rose, it could not rise over the dam. The White Lady could not contend with Fahai, and finally was locked under the Leifeng Pagoda beside West Lake. The loving couple were broken up by the cruel Fahai.

生词

1.	妖精	yāojing	（名）	spirit
2.	心地	xīndì	（名）	heart
3.	逛	guàng	（动）	to ramble, to stroll
4.	文雅	wényǎ	（形）	refined, cultured, elegant
5.	医术	yīshù	（名）	medicine
6.	药店	yàodiàn	（名）	drugstore, pharmacy
7.	神奇	shénqí	（形）	magic, miraculous, supernatural
8.	生意	shēngyi	（名）	business
9.	红火	hónghuo	（形）	prosperous
10.	妒忌	dùjì	（动）	envious, jealous

11. 法术	fǎshù	(名)	witchcraft, magic arts
12. 气愤	qìfèn	(形)	indignant, furious
13. 哀求	āiqiú	(动)	to entreat, to implore
14. 掀	xiān	(动)	to lift
15. 袈裟	jiāshā	(名)	cassock, outer garment worn by Buddhist monk
16. 堤	dī	(名)	bank
17. 漫	màn	(动)	to overflow
18. 恩爱	ēn'ài	(形)	affectionate

背景知识

1. 杭州：在中国东南沿海的浙江省东北部，离上海180余公里，是中国历史上著名的七大古都之一，因西湖而闻名天下，有"人间天堂"的美誉。

Hangzhou is located in the northeast of Zhejiang Province near the East China Sea, about 180 km away from Shanghai. It is one of the seven most well-known historical capitals in China and famous for its beautiful West Lake. It has also been dubbed as "Paradise on Earth".

2. 清明节：是中国的传统节日，也是最重要的祭祀日。清明节在每年的公历四月四日到六日之间，此时正是春天阳光灿烂、草木变绿的时候，是人们春游（古代叫踏青）的好时节，因此又叫踏青节。

Pure Brightness Festival (Tomb-sweeping Day) is a

traditional festival in China. It is a time to remember the dead and pay respects to one's deceased ancestors and family members. It is held on April 4th-6th every year. At this time, the weather is good and the grass is green, so it is also considered a good time to go out for a walk in the country. So it is also named Treading the Green Grass Festival.

3. 断桥：是西湖古今大小桥梁中名气最大的一座桥。据说早在唐朝就已建成。"断桥残雪"是西湖十景之一。

Broken Bridge is the most famous bridge on the West Lake. It is said to have been built in the early Tang Dynasty. "Melting Snow on Broken Bridge" is one of the ten famous sights of the West Lake.

4. 金山寺：在江苏省镇江市西北，建于东晋，至今已有1600多年历史，是中国著名佛教寺院。

Jin Shan Temple, located in the northwest of Zhenjiang City in Jiangsu Province, was built during the Eastern Jin Dynasty more than 1,600 years ago. It is a well-known Buddhist temple.

5. 雷峰塔：是北宋年间在西湖南岸夕照山上建造的佛塔。"雷峰夕照"是西湖十景之一。由于雷峰

塔与《白蛇传》的传说关系密切，它成了西湖十景中最为人津津乐道的名胜。

Leifeng Pagoda is a Buddhist building during the Northern Song period on Sunset Mountain, located on the southern bank of the West Lake. It is one of the best-loved and most popular sights of the West Lake. Because of its association with the *Legend of Madam White Snake*, it has become one of the ten most famous scenic sites of the West Lake.

注释

1. 她们虽然是妖精，但心地善良，从来也不害人。

"从来"表示从过去到现在都是如此，多用于否定句。否定词是"没、没有"时，否定的动词或形容词后通常要带"过"。

"从来" indicates that from the past to the present, the situation is unchanged. It is mostly used in negative sentences. When using negatives such as "没，没有", the monosyllabic verbs and adjectives are generally followed by "过".

例如：他从来不迟到，今天也一定不会迟到的。

我从来没有听说过这么奇怪的事。

我们班的人从来没少过。

2. 何况她现在已经怀孕，我怎么能离开她呢！

这个句子里的"何况"表示进一步说明理由或补充理由。

"何况" in this sentence means further illustration or gives

supplementary information.

例如：我得去接他，这个地方不好找，何况他又是第一次来。
　　　买点儿吧，这里的东西确实不错，何况又这么便宜。

3. 波浪再大，也漫不过去。

"再……也……"表示在任何情况下结果不改变。"再"有"即使多么""不管怎样"的意思，后面可以是动词也可以是形容词。句子的主语可以是相同的，也可以是不同的。

"再……也……" indicates that no matter what is done, the result remains the same. "再" has the meaning of "although" or "no matter how". The word after "再" can be a verb or an adjective. The subjects of the clauses can be the same or different.

例如：这件事再难，我也要把它做完。
　　　我再忙也要去看你。
　　　我已经决定了，你再说我也不听。
　　　作业太多了，我再做也做不完。

练习

一、请根据课文内容在 A、B、C、D 四个答案中选择唯一正确的答案。

1. 白蛇和青蛇变成漂亮的姑娘是为了_____。
　　A. 逛西湖　　B. 去害人　　C. 找许仙　　D. 下雨

2. 下雨的时候两位姑娘在_____。
　　A. 西湖底　　B. 断桥　　C. 雷峰塔　　D. 金山寺

3. 因为_____，所以她的名字就叫小青。
   A. 青蛇的颜色是青的　　　B. 白素贞喜欢青色
   C. 起名字很麻烦　　　　　D. 青蛇本来的名字是小青

4. 因为许仙_____，白素贞嫁给了他。
   A. 懂得医术　　　　　　　B. 借给她们伞
   C. 诚实善良　　　　　　　D. 会配药

5. 许仙和白素贞结婚后开了一家_____。
   A. 医院　　B. 商店　　C. 药店　　D. 学校

6. 因为_____，所以法海很妒忌白素贞。
   A. 人们都不得病
   B. 人们的病好了，就不去金山寺了
   C. 白素贞的医术比法海高明
   D. 白素贞抢了法海药店的生意

7. 法海发现白素贞是妖精，心里_____。
   A. 很吃惊但不开心　　　　B. 又惊又喜
   C. 很害怕　　　　　　　　D. 很着急

8. 法海要求许仙离开白素贞，许仙很_____。
   A. 吃惊　　B. 高兴　　C. 担心　　D. 气愤

二、请根据课文内容判断下列句子的正误。

1. 许仙本来开了一家叫"保和堂"的药店，后来由白娘子经营。（　　）
2. 白娘子治好了很多人的病，大家都很感激她。（　　）
3. 白娘子和小青去西湖玩儿，许仙故意借给她们伞，以此接近她们。（　　）

·135·　许仙和白娘子

4. 许仙发现了白娘子不是平常人,他非常害怕。（　　）

5. 法海也经营着一家药店,但是大家都去白娘子的药店。

（　　）

三、下面的句子中有一个或两个空儿,请根据课文的意思在A、B、C、D四个答案中选择唯一恰当的填上。

1. 白素贞和小青以前_____也不认识许仙。

  A. 原来 B. 从来 C. 后来 D. 将来

2. _____白素贞没有怀孕,许仙_____不会离开她。

  A. 就算……也…… B. 虽然……但是……

  C. 因为……所以…… D. 即使……就……

3. 白素贞的法术比小青高,可她也斗不过法海,_____小青呢?

  A. 哪怕 B. 就算 C. 何况 D. 何必

4. 法海_____劝许仙离开白素贞,许仙也不会同意。

  A. 再 B. 又 C. 就 D. 不管

四、下面这段文字中有若干个空儿(空儿中标有题目序号),请根据课文的意思在A、B、C、D四个答案中选择唯一恰当的词语。

据说,小青__1__躲__2__大山里练习打败法海的法术,最后__3__救出了白娘子,让他们一家人重新团聚。也许这____4____是人们的理想，事实上很多爱情故事的结局____5____是悲剧。但是____6____白娘子和许仙最后怎么样，人们永远也不会忘记美丽善良的白娘子。如果今天你去杭州____7____，一定____8____能听到人们在讲许仙和白娘子的故事呢。

1. A. 以后　　B. 本来　　C. 后来　　D. 从来
2. A. 在　　　B. 走　　　C. 开　　　D. 回
3. A. 终点　　B. 终于　　C. 最终　　D. 总是
4. A. 就　　　B. 只　　　C. 还　　　D. 算
5. A. 还　　　B. 都　　　C. 也　　　D. 就
6. A. 无论　　B. 不算　　C. 虽然　　D. 即使
7. A. 旅游　　B. 旅途　　C. 旅客　　D. 游客
8. A. 还　　　B. 会　　　C. 又　　　D. 再

试试看

中国古代故事中有很多人神（妖）相爱的故事。你觉得为什么这些故事中的女主人公一般都是神仙或者妖精，而男主人公则是普通人？

十一　梁山伯与祝英台

1. 从前，有一个可爱的女孩儿叫祝英台，她美丽大方，聪明好学。祝英台很想去学校读书学习，但古时候女孩子是不能随便出门的，更别提去学校读书了。祝英台一心想去看看外面的世界。于是，她悄悄打扮成男孩儿的样子，踏上了去杭州的求学之路。

2. 走了几天，祝英台来到了杭州附近的一个亭子，她有点儿累了，就坐在亭子里休息。这时一个年轻的小伙子梁山伯也来到了这里。原来他也是到杭州求学的。梁山伯和祝英台一见如故，就在亭子里结拜为兄弟。到了杭州，两人也来到同一所学校读书，他们形影不离，互相帮助，互相学习，总有说不完的话，两个人的感情越来越深。

3. 春去秋来，一晃三年过去了。英台的父亲写信要她回家。这时的祝英台已经深深地爱上了她的梁兄，而梁山伯虽不知英台是女孩儿，但也非常喜欢这个聪明好学的好弟弟。祝英台临走的时候，把自己的心事告诉了师母，并请师母替她做媒，师母答应了她的要求。

4. 梁山伯舍不得祝英台走，就送她下山，一送就是十八里。一路上英台不停地暗示自己是个女孩子，可老实的梁山伯怎么也不明白。最后英台无奈地说："梁兄，我家里有一个妹妹，和我长得一模一样。不知道梁兄愿不愿意娶她做妻子？"梁山伯高兴地答应了。

5. 回到学校，师母把祝英台请她做媒的事告诉了梁山伯。梁山伯这才明白祝英台说要嫁给他的妹妹就是祝英台自己。梁山伯高兴得不得了，他立刻就到英台家去求婚。可是没想到英台的父亲要把她嫁给一个大官的儿子。梁祝二人都非常难过，他们没有办法改变现实，就约定：如果活着的时候不能做夫妻，死了他们也要在一起。

6. 梁山伯回家不久就因为伤心过度生病死了。祝英台听说梁山伯死了，悲痛万分。可是父亲还要逼她出嫁，她提出一定要到梁山伯坟墓前祭奠，否则宁可死也不上花轿。父亲没办法，只好答应了她的要求。

7. 出嫁那天，花轿经过梁山伯的坟墓。祝英台走出花轿，脱去红装，一身素服，缓缓地走到墓前放声大哭。突然，风雨交加，雷声大作，只听"轰"的一声，坟墓裂开了。祝英台毫不犹豫地跳了进去，坟墓又合上了。这时风也停了，云也散了，雨过天晴，梁山伯与祝英台变成了一对美丽的蝴蝶，从坟墓中飞出来，在鲜花丛中

自由地飞舞，永远也不分离。

（共计898字，建议阅读时间9分钟）

课文拼音

11. Liáng Shānbó yǔ Zhù Yīngtái

1. Cóngqián, yǒu yí ge kě'ài de nǚháir jiào Zhù Yīngtái, tā měilì dàfang, cōngming hàoxué. Zhù Yīngtái hěn xiǎng qù xuéxiào dúshū xuéxí, dàn gǔ shíhou nǚháizi shì bù néng suíbiàn chū mén de, gèng biétí qù xuéxiào dúshū le. Zhù Yīngtái yìxīn xiǎng qù kànkan wàimian de shìjiè. Yúshì, tā qiāoqiāo dǎbàn chéng nánhái de yàngzi, tàshàngle qù Hángzhōu de qiúxué zhī lù.

2. Zǒule jǐ tiān, Zhù Yīngtái láidàole Hángzhōu fùjìn de yí ge tíngzi, tā yǒudiǎnr lèi le, jiù zuò zài tíngzi li xiūxi. Zhèshí yí ge niánqīng de xiǎohuǒzi Liáng Shānbó yě láidàole zhèli. Yuánlái tā yě shì dào Hángzhōu qiúxué de. Liáng Shānbó hé Zhù Yīngtái yí jiàn rú gù, jiù zài tíngzi li jiébài wéi xiōngdi. Dàole Hángzhōu, liǎng rén yě láidào tóng yí suǒ xuéxiào dúshū, tāmen xíng yǐng bù lí, hùxiāng bāngzhù, hùxiāng xuéxí, zǒng yǒu shuō bu wán de huà, liǎng ge rén de gǎnqíng yuè lái yuè shēn.

3. Chūn qù qiū lái, yíhuàng sān nián guòqu le. Yīngtái de fùqīn xiě xìn yào tā huí jiā. Zhèshí de Zhù Yīngtái yǐjīng

shēnshēn de ài shangle tā de Liángxiōng, ér Liáng Shānbó suī bù zhī Yīngtái shì nǚhái, dàn yě fēicháng xǐhuan zhège cōngming hàoxué de hǎo dìdi. Zhù Yīngtái lín zǒu de shíhou, bǎ zìjǐ de xīnshì gàosùle shīmǔ, bìng qǐng shīmǔ tì tā zuòméi, shīmǔ dāyingle tā de yāoqiú.

4. Liáng Shānbó shěbudé Zhù Yīngtái zǒu, jiù sòng tā xià shān, yí sòng jiù shì shíbā lǐ. Yí lù shang Yīngtái bù tíng de ànshì zìjǐ shì ge nǚháizi, kě lǎoshi de Liáng Shānbó zěnme yě bù míngbai. Zuìhòu Yīngtái wúnài de shuō: "Liángxiōng, wǒ jiāli yǒu yí ge mèimei, hé wǒ zhǎng de yì mú yí yàng. Bù zhīdào Liángxiōng yuàn bu yuànyì qǔ tā zuò qīzi?" Liáng Shānbó gāoxìng de dāying le.

5. Huí dào xuéxiào, shīmǔ bǎ Zhù Yīngtái qǐng tā zuòméi de shì gàosule Liáng Shānbó. Liáng Shānbó zhè cái míngbai Zhù Yīngtái shuō yào jiàgěi tā de mèimei jiù shì Zhù Yīngtái zìjǐ. Liáng Shānbó gāoxìng de bùdeliǎo, tā lìkè jiù dào Yīngtái jiā qù qiúhūn. Kěshì méi xiǎngdào Yīngtái de fùqīn yào bǎ tā jiàgěi yí ge dàguān de érzi. Liáng Zhù èr rén dōu fēicháng nánguò, tāmen méiyǒu bànfǎ gǎibiàn xiànshí, jiù yuēdìng: rúguǒ huózhe de shíhou bù néng zuò fūqī, sǐle tāmen yě yào zài yìqǐ.

6. Liáng Shānbó huí jiā bùjiǔ jiù yīnwèi shāngxīn guòdù shēngbìng sǐ le. Zhù Yīngtái tīngshuō Liáng Shānbó sǐ le, bēitòng wànfēn. Kěshì fùqīn hái yào bī tā chūjià, tā tíchū yídìng yào dào Liáng Shānbó fénmù qián jìdiàn, fǒuzé nìngkě sǐ yě bú shàng huājiào. Fùqīn méi bànfǎ, zhǐhǎo dāyingle tā de yāoqiú.

7. Chūjià nà tiān, huājiào jīngguò Liáng Shānbó de fénmù. Zhù Yīngtái zǒuchū huājiào, tuōqù hóngzhuāng, yì shēn sùfú,

huǎnhuǎn de zǒu dào mù qián fàngshēng dà kū. Tūrán, fēngyǔ jiāojiā, léishēng dàzuò, zhǐ tīng "hōng" de yì shēng, fénmù lièkāi le. Zhù Yīngtái háo bù yóuyù de tiàole jinqu, fénmù yòu héshang le. Zhèshí fēng yě tíngle, yún yě sàn le, yǔ guò tiān qíng, Liáng Shānbó yǔ Zhù Yīngtái biànchéngle yí duì měilì de húdié, cóng fénmù zhōng fēi chulai, zài xiānhuā cóng zhōng zìyóu de fēiwǔ, yǒngyuǎn yě bù fēnlí.

课文英译

11. Liang Shanbo and Zhu Yingtai

1. Once upon a time, there was a girl called Zhu Yingtai. She was beautiful, generous, clever, and diligent. She wanted to study at school very much, but in ancient China, girls were not even allowed to go outside by themselves, let alone go to school. However, Zhu Yingtai set her heart on seeing the outside world, so she secretly disguised herself as a man and left for Hangzhou to study.

2. After a few days of traveling, she came to a pavilion near Hangzhou. Being a little tired, she sat down to rest in the pavilion. At that time a young man named Liang Shanbo came by. He was also going to Hangzhou to study. Even though it was their first meeting, they soon felt like old friends, right there in the pavilion became sworn brothers. When they arrived in Hangzhou, they studied at the same school. They were never apart — helping each other, studying together, and never having enough time to finish their conversations. A deep friendship developed between them.

3. The time flew, and three years had soon passed. Yingtai's father wrote to her requesting that she return home. But at that time, Yingtai had fallen in love with her brother Liang Shanbo, and although Shanbo still did not know that Yingtai was a girl, he really liked his clever, diligent younger brother. Before Yingtai left Hangzhou, she told the secret to her teacher's wife, and asked her to be her match-maker. The teacher's wife agreed.

4. Liang Shanbo was very reluctant to leave Yingtai, and he saw her off to the bottom of the mountains, which was a distance of 18 *li*. On the way home, Yingtai kept hinting that she was a girl, but however hard she tried, the honest Liang Shanbo did not understand. Finally, Yingtai said, "Brother Liang, I have a younger sister who looks exactly like me at home. Would you be willing to marry her?" Liang happily agreed.

5. When he got back to the school, the teacher's wife told Liang what Yingtai had said to her. Only then did he realize that the younger sister Yingtai mentioned was actually Yingtai herself. He was overjoyed, and immediately went to Yingtai's home to propose marriage. But, unexpectedly, Yingtai's father planned to marry his daughter to a rich official's son. Yingtai and Shanbo were heartbroken, but could not change the reality of their situation. So, they reached an agreement: if they could not marry in life, then they would be together after death.

6. Not long after he returned home, Liang Shanbo died of a broken heart. When Yingtai heard of this, she was extremely sorrowful. However, her father still wanted to have her married. She pleaded with her father to go to Shanbo's tomb and hold a memorial service for him, or she would rather die than marry. Her father had no choice but

to agree to her request.

    7. On the wedding day, the bridal sedan passed by the tomb of Shanbo. Yingtai stepped down off the sedan, took off her red wedding garment, and, wearing mourning clothes, slowly walked to the front of the tomb and burst into tears. Suddenly, it started raining heavily and the wind blew hard. After a big crack of thunder, the tomb split open. Without hesitation, Zhu Yingtai jumped into the tomb, and it closed up again. The wind and the rain stopped, the clouds drifted away and the sky cleared. Liang Shanbo and Zhu Yingtai turned into two beautiful butterflies and flew out from the tomb together, flying freely among the flowers, never to be parted again.

生词

1. 踏	tà	(动)	to take a step
2. 亭子	tíngzi	(名)	pavilion
3. 一见如故	yí jiàn rú gù		to feel like old friends at the first meeting
4. 结拜	jiébài	(动)	to become sworn brothers (or sisters)
5. 形影不离	xíng yǐng bù lí		inseparable as body and shadow, be always together
6. 一晃	yíhuàng	(动)	to flash by

7. 心事	xīnshì	(名)	something weighing on one's mind, concerns
8. 师母	shīmǔ	(名)	wife of one's teacher (or master)
9. 做媒	zuòméi	(动)	to be a match-maker
10. 暗示	ànshì	(动)	to hint
11. 无奈	wúnài	(动)	to have no choice, cannot help but
12. 约定	yuēdìng	(动)	to agree on, to appoint, to arrange
13. 过度	guòdù	(形)	excessive
14. 坟墓	fénmù	(名)	tomb
15. 祭奠	jìdiàn	(动)	to hold a memorial service for
16. 花轿	huājiào	(名)	bridal sedan chair
17. 裂	liè	(动)	to crack, to split, to break up
18. 自由	zìyóu	(形)	free

背景知识

1. 梁山伯和祝英台：这个在中国流传很久的非常有名的爱情故事起源于晋代，距今 1600 多年。梁祝的故事后来被改编为戏曲、小说、电影等多种形式，有东方的"罗密欧与朱丽叶"之称。

The story of Liang Shanbo and Zhu Yingtai is a very old and famous story that originated in the Jin Dynasty, more than 1,600 years ago. This story has since been adapted as an opera, novel, and film, and has been reputed as the "Oriental Romeo and Juliet".

2. 红装和素服：指的是红色的衣服和白色的衣服。红色在中国是象征吉祥喜庆的色彩，因此在有重大节日和喜事时，特别是结婚时一定要穿红色的衣服。而白色在中国的传统文化中一直是丧服的主色。

In China, the color red represents luck, so on important festivals, especially weddings, people like to wear red clothes. White, on the other hand, in traditional Chinese culture has been the main color used on funerals.

注释

1. 祝英台很想去学校读书学习，但古时候女孩子是不能随便出门的，更别提去学校读书了。

   "更别提……了"表示强调，用于指出某种更极端的情况。

   "更别提……了" means "to say nothing of..." to indicate a more extreme situation.

   例如：我刚到中国的时候，一句话也听不懂，更别提和中国人交流了。

   这个问题很难，大学生都不会，更别提他这个小孩子了。

2. 梁山伯舍不得祝英台走，就送她下山，一送就是十八里。

   "一 + 动词 + 就是 + 数量词"表示说话人认为数量多，是一种强调肯定的语气。动词多为单音节。

   "一+verb+就是+NM" indicates that the speaker feels that the number is considerably large. It is a mood of emphasizing. The verbs in this structure are always monosyllables.

   例如：他一睡就是二十个小时。

   他吃得很多，一吃就是三大碗。

   这次晚会很受欢迎，一来就是好几百人。

3. 可是父亲还要逼她出嫁，她提出一定要到梁山伯墓前祭奠，否则宁可死也不上花轿。

   "宁可"后面是在比较之后选取的一种做法，"宁可"一般用在动词前，也可以用在主语前。

"宁可" means a choice after comparing. It is usually used before a verb or before the subject of the sentence.

例如：他宁可自己吃苦也不让弟弟退学。
　　　宁可我多干点儿，也不能让你累病了。

练习

一、下面每个句子都有一个画线的词语，A、B、C、D 四个答案是对这一画线词语的不同解释，请根据课文内容，选择最恰当的一种解释。

1. 祝英台美丽大方，聪明好学。
   A. 学习好　　B. 爱学习　　C. 好好学习　　D. 很会学习

2. 祝英台听说梁山伯死了，悲痛万分。
   A. 极其悲痛　　　　　B. 悲痛了很长时间
   C. 悲痛了一段时间　　D. 很悲痛

3. 父亲没办法，只好答应了祝英台的要求。
   A. 不得不　　B. 只要　　C. 只是　　D. 好像

4. 突然，风雨交加，雷声大作，只听"轰"的一声，坟墓裂开了。
   A. 越来越大　　　　B. 不断增加
   C. 同时出现　　　　D. 交替出现

二、请根据课文内容在 A、B、C、D 四个答案中选择唯一正确的答案。

1. 祝英台去杭州是为了_____。
   A. 读书学习　　　　　　B. 游玩
   C. 随便看看　　　　　　D. 认识新朋友

2. 因为_____，所以他们结拜为兄弟。
   A. 祝英台很漂亮
   B. 祝英台和梁山伯一见如故
   C. 祝英台是男孩儿的样子
   D. 梁山伯不知道祝英台是女孩儿

3. 祝英台爱上了梁山伯，可是梁山伯却_____。
   A. 不喜欢她　　　　　　B. 不知道她的真实身份
   C. 喜欢别的女孩儿　　　D. 要离开杭州回家了

4. 送祝英台回家的路上，梁山伯_____。
   A. 最终明白了祝英台的暗示
   B. 知道了祝英台是女孩儿
   C. 始终不明白祝英台的暗示
   D. 提出要娶祝英台的妹妹

5. 梁山伯听_____说了祝英台的心意之后很高兴。
   A. 老师　　B. 英台　　C. 师母　　D. 同学

6. _____，因此梁山伯病倒了。
   A. 祝英台的父亲不同意他们的婚事
   B. 祝英台想要嫁给一个大官的儿子
   C. 祝英台死了
   D. 祝英台根本没有妹妹

·149· 梁山伯与祝英台

7. 梁山伯因病去世后，祝英台_____。

   A. 就嫁给了那个大官的儿子

   B. 悲痛万分，跳进了梁山伯的坟墓

   C. 变成了蝴蝶，陪伴梁山伯

   D. 非常难过，但父亲不让她祭奠梁山伯

三、请根据课文内容判断下列句子的正误。

1. 中国古代女孩子是不能出门的。（　　）

2. 梁山伯和祝英台约好一起去杭州学习。（　　）

3. 祝英台想让梁山伯去她家求婚，就骗他说自己有一个妹妹。（　　）

4. 父亲要祝英台嫁给一个大官的儿子，祝英台很伤心就决定自杀。（　　）

5. 父亲答应祝英台去祭奠梁山伯是担心她不愿意出嫁。（　　）

四、下面的句子中有一个或两个空儿，请根据课文的意思在A、B、C、D四个答案中选择唯一恰当的填上。

1. 梁山伯根本不知道祝英台是女孩儿，更_____向她求婚了。

   A. 不说　　B. 别提　　C. 不要　　D. 不想

2. 时间过得真快，一晃_____三年。

   A. 也就　　B. 就说　　C. 就是　　D. 不过

3. 祝英台_____死也不愿意嫁给那个大官的儿子。

   A. 宁可　　B. 不如　　C. 想　　D. 可以

4. 梁山伯_____想到祝英台的父亲竟然不愿意把女儿嫁给他。

  A. 哪里 B. 无论 C. 不管 D. 怎么

试试看

  在你们国家的民间传说中，有这类生生死死的爱情故事吗？试着给大家讲一讲。

十二　牛郎织女

1. 很早以前，有个小伙子，父母很早就去世了，只留下一头老牛。这个善良勤劳的小伙子整天和牛生活在一起，和老牛成了知心朋友。人们都叫他牛郎。

2. 一天，老牛突然开口对牛郎说："你年纪不小了，该成家了。明天你去河边，那儿会有几个仙女来洗澡。你趁她们下水的时候，把一件红色的衣服藏起来，衣服的主人就会成为你的妻子。"牛郎见老牛突然说起了人话，十分惊讶，便问："牛大哥，是你在说话吗？你说的是真的吗？"老牛冲着牛郎点了点头。

3. 第二天，牛郎躲在河边，果然看见几个漂亮的女孩子从天上飘下来。她们脱下衣服，跳到河里，一边洗澡，一边在水里玩耍。牛郎按照老牛说的，偷偷拿走了那件红色的衣服。

4. 洗完澡后，其他仙女都穿上自己的衣服回到天上去了，只有最小的仙女怎么也找不到自己的衣服。牛郎来到她面前，不好意思地拿出她的衣服，向她道歉，并请她答应做自己的妻子。这个仙女是天帝的女儿织女，她早就知道牛郎是个善良勤劳的好青年，就害羞地点点头答应了。

5. 结婚以后，牛郎种地，织女织布，他们过着幸福愉快的生活。织女是个织布的能手，她能织出像云霞一样美丽的花布，大家见到都非常喜欢。织女还把自己的纺织技术都教给了别的姑娘，大家都很感谢她。

6. 日子过得真快啊。几年后织女生了一个儿子，一个女儿。两个小宝宝活泼可爱，给他们的家庭增添了很多欢乐。可谁知就在这时，织女和牛郎结婚的消息被天帝知道了。天帝非常生气，立即派人把织女捉回了天上，还罚她天天织布，再也不准到人间去。

7. 牛郎非常想念织女，两个孩子也整天哭着要妈妈，可是有什么办法呢？一天，老牛忽然又对牛郎说话了："牛郎，我快要死啦！我死以后，你把我的皮剥下来，披在身上，这样你就可以飞上天去找织女了。"老牛说完就倒在地上死了。牛郎含着眼泪剥下了老牛的皮，然后披上牛皮，用一根扁担挑着一对儿女飞上天去找织女。

8. 马上就能见到织女了，牛郎别提有多高兴了！两个小孩儿也拍着手，高兴地直喊"妈妈"。织女的妈妈王母娘娘见牛郎很快就能和织女见面了，就拔下她头上的金簪用力一划，牛郎的面前立即出现了一条又宽又深的银河，挡住了他的去路。

9. 牛郎和织女被隔在两岸，只能相对哭泣流泪。王母娘娘见到这种情景，也有些不忍心，就允许两人每年七月初七见一次面。每年到了这天，许多喜鹊就来到银河，在河上搭起一座鹊桥，让他们二人见面。

10. 后来每到牛郎织女鹊桥相会的日子，女孩子们就会在夜晚祈求上天能让自己像织女那样手巧，祈祷自己能有美满的婚姻，由此形成了一个有名的节日——七夕节。

（共计1050字，建议阅读时间11分钟）

课文拼音

12. Niúláng Zhīnǚ

1. Hěn zǎo yǐqián, yǒu ge xiǎohuǒzi, fùmǔ hěn zǎo jiù qùshì le, zhǐ liúxià yì tóu lǎoniú. Zhège shànliáng qínláo de xiǎohuǒzi zhěngtiān hé niú shēnghuó zài yìqǐ, hé lǎoniú chéngle zhīxīn péngyou. Rénmen dōu jiào tā Niúláng.

2. Yì tiān, lǎoniú tūrán kāikǒu duì Niúláng shuō: "Nǐ niánjì bù xiǎo le, gāi chéngjiā le. Míngtiān nǐ qù hé biān, nàr huì yǒu jǐ ge xiānnǚ lái xǐzǎo. Nǐ chèn tāmen xià shuǐ de shíhou, bǎ yí jiàn hóngsè de yīfu cáng qilai, yīfu de zhǔrén jiù huì chéngwéi nǐ de qīzi." Niúláng jiàn lǎoniú tūrán shuōqile rénhuà, shífēn jīngyà, biàn wèn: "Niú dàgē, shì nǐ zài shuōhuà ma? Nǐ shuō de shì zhēnde ma?" Lǎoniú chòngzhe Niúláng diǎnlediǎn tóu.

3. Dì'èr tiān, Niúláng duǒ zài hé biān, guǒrán kànjiàn jǐ ge piàoliang de nǚháizi cóng tiānshang piāo xialai. Tāmen tuōxià yīfu, tiàodào hélǐ, yìbiān xǐzǎo, yìbiān zài shuǐli wánshuǎ. Niúláng ànzhào lǎoniú shuō de, tōutōu názǒule nà

jiàn hóngsè de yīfu.

4. Xǐwán zǎo hòu, qítā xiānnǚ dōu chuānshang zìjǐ de yīfu huídào tiānshang qù le, zhǐyǒu zuì xiǎo de xiānnǚ zěnme yě zhǎo bu dào zìjǐ de yīfu. Niúláng láidào tā miànqián, bù hǎo yìsi de náchū tā de yīfu, xiàng tā dàoqiàn, bìng qǐng tā dāying zuò zìjǐ de qīzi. Zhège xiānnǚ shì Tiāndì de nǚ'ér Zhīnǚ, tā zǎo jiù zhīdào Niúláng shì ge shànliáng qínláo de hǎo qīngnián, jiù hàixiū de diǎndiǎn tóu dāying le.

5. Jiéhūn yǐhòu, Niúláng zhòngdì, Zhīnǚ zhībù, tāmen guòzhe xìngfú yúkuài de shēnghuó. Zhīnǚ shì ge zhībù de néngshǒu, tā néng zhīchū xiàng yúnxiá yíyàng měilì de huābù, dàjiā jiàndào dōu fēicháng xǐhuan. Zhīnǚ hái bǎ zìjǐ de fǎngzhī jìshù dōu jiāo gěi le biéde gūniang, dàjiā dōu hěn gǎnxiè tā.

6. Rìzi guò de zhēn kuài a. Jǐ nián hòu Zhīnǚ shēngle yí ge érzi, yíge nǚ'ér. Liǎng ge xiǎo bǎobao huópō kě'ài, gěi tāmen de jiātíng zēngtiānle hěn duō huānlè. Kě shuí zhī jiù zài zhèshí, Zhīnǚ hé Niúláng jiéhūn de xiāoxi bèi Tiāndì zhīdào le. Tiāndì fēicháng shēngqì, lìjí pài rén bǎ Zhīnǚ zhuōhuíle tiānshang, hái fá tā tiāntiān zhībù, zài yě bù zhǔn dào rénjiān qù.

7. Niúláng fēicháng xiǎngniàn Zhīnǚ, liǎng ge háizi yě zhěngtiān kūzhe yào māma, kěshì yǒu shénme bànfǎ ne? Yì tiān, lǎoniú hūrán yòu duì Niúláng shuōhuà le: "Niúláng, wǒ kuài yào sǐ la! Wǒ sǐ yǐhòu, nǐ bǎ wǒ de pí bāo xialai, pī zài shēnshang, zhèyang nǐ jiù kěyǐ fēishang tiān qù zhǎo Zhīnǚ le." Lǎoniú shuōwán jiù dǎo zài dìshang sǐ le. Niúláng hánzhe yǎnlèi bāoxiàle lǎoniú de pí, ránhòu pīshang niúpí, yòng yì gēn biǎndan tiāozhe yí duì érnǚ fēishang tiān qù zhǎo Zhīnǚ.

·155· 牛郎织女

8. Mǎshàng jiù néng jiàndào Zhīnǚ le, Niúláng biétí yǒu duō gāoxìng le! Liǎng ge xiǎoháir yě pāizhe shǒu, gāoxìng de zhí hǎn "māma". Zhīnǚ de māma Wángmǔ niángniáng jiàn Niúláng hěn kuài jiù néng hé Zhīnǚ jiànmiàn le, jiù báxià tā tóushang de jīnzān yònglì yì huá, Niúláng de miànqián lìjí chūxiànle yì tiáo yòu kuān yòu shēn de yínhé, dǎngzhùle tā de qùlù.

9. Niúláng hé Zhīnǚ bèi gé zài liǎng àn, zhǐ néng xiāngduì kūqì liúlèi. Wángmǔ niángniang jiàndào zhè zhǒng qíngjǐng, yě yǒuxiē bù rěnxīn, jiù yǔnxǔ liǎng rén měi nián Qīyuè chūqī jiàn yí cì miàn. Měi nián dàole zhè tiān, xǔduō xǐquè jiù láidào yínhé, zài hé shang dāqǐ yí zuò quèqiáo, ràng tāmen èr rén jiànmiàn.

10. Hòulái měi dào Niúláng Zhīnǚ quèqiáo xiānghuì de rìzi, nǚháizimen jiù huì zài yèwǎn qíqiú shàngtiān néng ràng zìjǐ xiàng Zhīnǚ nàyàng shǒuqiǎo, qídǎo zìjǐ néng yǒu měimǎn de hūnyīn, yóucǐ xíngchéngle yí ge yǒumíng de jiérì——Qīxī Jié.

课文英译

12. The Cowherd and the Girl Weaver

1. A long time ago, there was a young man whose parents had died while he was still quite young, leaving only an old cow for him. Day after day this kind-hearted, hard-working young man lived with the old cow, and the two soon became close friends. People called the lad Niulang (cowherd).

2. One day the cow suddenly opened his mouth and said to Niulang, "You're old enough to get married and start a family. Go to the river tomorrow. There you will see some fairies bath. While they are in the water, take a piece of red clothing and hide it. The owner of the clothes will become your wife." Niulang was astonished to hear the cow speaking, and said, "Cow Brother, is that you speaking? Are you serious?" The cow nodded.

3. The next day, Niulang hid by the river. As expected, several beautiful girls came floating down from the sky. They undressed, jumped into the river, and began bathing. Niulang quietly took away the red clothes, just as the cow had told him.

4. After bathing, the fairies dressed and returned to their home in the sky. The youngest fairy, however, couldn't find her clothes, no matter how hard she looked. Niulang came out before the fairy. Embarrassed, he brought out her clothes, apologized, and then asked her to become his wife. The fairy was the Heavenly King's daughter, Zhinü (girl weaver). She had already heard that Niulang was a kindhearted and industrious young man. She shyly nodded as her response.

5. After their marriage, Niulang worked in the field, while Zhinü weaved at home. They led a happy life. Zhinü was very good at weaving, and could weave cloth as beautiful and delicate as rosy clouds. All who saw it loved it. She also taught other girls to weave as she did.

6. How the time flew! Zhinü gave birth to a son and a daughter. Both of them were cute and lovely, and brought their parents much joy. However, it was at this time that the news of Zhinü and Niulang's marriage was known by the Heavenly King. He was furious, and sent

people to take his daughter back. As her punishment, he forced her to weave every day and did not allow her to return to the world of men.

7. Niulang missed his wife very much. The children also cried for their mother every day. But what could he do? One day, the cow spoke to Niulang again, "Niulang, I'm dying. After I die, peel my skin off and place it on your body. In this way, you will be able to fly up to heaven and find your wife." When he had finished speaking, the cow fell down dead. With tears in his eyes, Niulang peeled off the cow's skin and placed it on him. Carrying the children on a pole, he flew up to heaven to find Zhinü.

8. Knowing he was about to see Zhinü, Niulang was very excited. The children clapped their hands, shouting excitedly, "Mother!" Seeing this, Zhinü's mother, the Queen Mother of the Western Heavens, took out her golden hairpin and drew a line in the sky. Suddenly, a wide and deep Milky Way appeared in front of Niulang, getting in his way.

9. Niulang and Zhinü were separated by the big river. Looking at each other, they wept. Seeing this, the Queen Mother of the Western Heavens reluctantly allowed them to meet once a year on the 7th day of the 7th month. When that day arrived, a flock of magpies would fly to the Milky Way and set up a bridge across it, allowing the two to meet.

10. Afterwards, when it came to that special day, girls would pray that God would give them clever hands like Zhinü and a happy marriage. This day later became a famous Chinese festival for lovers — Qi Xi Day.

生词

1. 鹊桥　　quèqiáo　　（名）　magpie bridge
2. 知心　　zhīxīn　　（形）　intimate
3. 趁　　　chèn　　　（介）　while
4. 能手　　néngshǒu　（名）　expert
5. 技术　　jìshù　　　（名）　skill, technique
6. 增添　　zēngtiān　（动）　to add
7. 剥　　　bāo　　　（动）　to shell, to peel
8. 披　　　pī　　　　（动）　to drape over one's shoulder
9. 扁担　　biǎndan　（名）　carrying pole, shoulder pole
10. 金簪　　jīnzān　　（名）　golden hairpin
11. 银河　　yínhé　　（名）　Milky Way
12. 隔　　　gé　　　　（动）　to separate
13. 允许　　yǔnxǔ　　（动）　to permit, to allow
14. 喜鹊　　xǐquè　　（名）　magpie
15. 搭　　　dā　　　（动）　to set up
16. 祈祷　　qídǎo　　（动）　to pray, to say one's prayers
17. 美满　　měimǎn　（形）　happy, perfectly satisfactory

背景知识

1. 牛郎织女：牛郎织女的故事最初源于原始信仰中的星辰崇拜，是星宿的神化与人格化。牛郎星又叫牵牛星，在银河东，织女星又叫天孙，在银河西，两星隔河相对。

The story of Niulang and Zhinü came from the worship of the stars in ancient times. It is a kind of deification and personification of stars. The Niulang (cowherd) star, also called Altair, lies in the east of the Milky Way, opposite to the Zhinü star, also called Vega, which lies in the west.

2. 七夕节：农历七月初七，女孩子们往往在这一天向织女祈求智慧、灵巧和美满的婚姻，因此也叫"女儿节"或"乞巧节"。现被称为"中国的情人节"。

On Qi Xi Day, the 7th day of the 7th month of the lunar calendar, girls often pray to Zhinü for blessing, wisdom, and a happy marriage. It is also called Girls' Day or Qi Qiao Day. Now it is considered by young people to be the Chinese Valentine's Day.

注释

1. 她早就知道牛郎是个善良勤劳的好青年。

"就"表示很早以前已经发生。"就"前必须有表示时间的词语或其他副词，后面可跟动词或形容词。

The adverb "就" indicates that an action has happened already. It should be preceded by time words or adverbs and be followed by verbs or adjectives.

例如：八点上课，他七点就来了。

她五岁就会说两门外语。

事情早就清楚了，你怎么还问呢？

他的病三天前就好了，现在很健康。

2. 马上就能见到织女了，牛郎别提有多高兴了！

"别提+多+（形/动）+了"这样的句子表示一种夸张的语气，句末的"了"不可省略，有时口语中也在"别提"和"多"之间加上"有"，"有"可省略。

The structure "别提+多+adjective/verb+了" is used for showing an exaggerated degree. The "了" in the end of the sentence cannot be omitted. In oral expressions, sometimes "有" can be added between "别提" and "多".

例如：他来到中国之后汉语进步得别提（有）多快了。

这个人说起话来，别提（有）多好听了。

练 习

一、下面每个句子都有一个画线的词语，A、B、C、D 四个答案是对这一画线词语的不同解释，请根据课文内容，选择最恰当的一种解释。

1. 你年纪不小了，该<u>成家</u>了。
   A. 结婚　　　B. 成立　　　C. 搬家　　　D. 造房子

2. 老牛<u>冲着</u>牛郎点了点头。
   A. 很快　　　B. 对　　　　C. 跑　　　　D. 快跑

3. 天帝把织女抓回天上，再也不<u>准</u>她到人间去。
   A. 允许　　　B. 准备　　　C. 标准　　　D. 正确

4. 牛郎织女被隔在银河两岸，只能<u>相对</u>哭泣。
   A. 比较　　　B. 面对面　　C. 相同　　　D. 不是绝对

二、请根据课文内容在 A、B、C、D 四个答案中选择唯一正确的答案。

1. 牛郎因为_____所以才有了这个名字。
   A. 姓牛也喜欢牛
   B. 只有一头牛
   C. 整天和他的牛生活在一起
   D. 像牛一样善良勤劳

2. 老牛让牛郎去藏衣服是为了_____。
   A. 帮他成家　　　　　B. 让牛郎当神仙
   C. 和仙女们开玩笑　　D. 感谢牛郎

3. 红衣服的主人因为_____，所以嫁给了牛郎。

　　A. 没有衣服不能回天上

　　B. 牛郎拿了她的衣服无可奈何

　　C. 牛郎善良勤劳

　　D. 很害怕老牛

4. 牛郎织女结婚后_____。

　　A. 想一起到天上居住　　B. 在人间过着幸福的生活

　　C. 老牛就死了　　　　　D. 大家都很羡慕牛郎

5. 天帝惩罚织女是因为_____。

　　A. 她偷偷和普通人结婚

　　B. 她不好好在天上工作

　　C. 织女把纺织技术教给了别人

　　D. 织女丢了衣服

6. 老牛之所以会死是因为_____。

　　A. 它想帮牛郎上天去找织女

　　B. 它老了，不能帮牛郎了

　　C. 它生病了，而且病得很严重

　　D. 牛郎想披他的皮

7. 鹊桥是_____。

　　A. 喜鹊们过的桥

　　B. 喜鹊们在银河上搭的桥

　　C. 一座名字叫"鹊"的桥

　　D. 喜鹊们用树枝等东西造的桥

三、请根据课文内容判断下列句子的正误。

    1. 牛郎和织女见面以前，他们没有听说过彼此。（　　）
    2. 织女害怕牛郎，所以只好答应嫁给他。（　　）
    3. 织女是个又聪明又美丽的女子，她很喜欢勤劳勇敢的牛郎，所以请老牛帮忙，把自己嫁给牛郎。（　　）
    4. 织女和牛郎结婚以后，很希望早一点儿回到她在天上的家。（　　）
    5. 虽然织女的母亲不希望织女回到牛郎的身边，但是她还是很同情他们，同意他们每年见一次面。（　　）

四、下面每个句子后都有一个指定词语，句中 A、B、C、D 是供选择的四个不同位置，请判断这一词语放在句中哪个位置上恰当。

    1. 老牛早 A 知道织女 B 一定 C 会答应 D 嫁给牛郎。（就）
    2. 老牛 A 为了 B 帮牛郎找织女 C 死掉了，牛郎别提 D 伤心了。（多）
    3. 如果牛郎 A 不去 B 找织女，那孩子们就 C 也见不到 D 妈妈了。（再）
    4. 牛郎用 A 扁担挑 B 孩子飞 C 上 D 天去。（着）

五、下面这段话中有若干个空儿，请根据上下文的意思在每一个空格中填写一个恰当的汉字。

    "牛郎织女鹊桥会"是中国_____代的民间传说。"鹊桥"是民间传说_____每年七夕喜鹊们_____牛郎织女搭的桥。现在人们还_____"鹊桥相会"来比喻夫_____或情人久别后短暂团聚。

试试看

在你们国家的传统故事中，有没有关于银河的故事？请你试着讲一讲。

读故事 | 学汉语

READ STORIES
AND LEARN CHINESE

Shǎoshù Mínzú Piān
少数 民族 篇
Stories of Ethnic Minorities

十三　聪明的禄东赞

1. 唐太宗时期，在遥远的青藏高原上，年轻的松赞干布统一了吐蕃，建立了自己的吐蕃王朝。他想娶一位唐朝的公主做自己的妻子。可是派谁去求婚呢？他想到了聪明的禄东赞。

2. 禄东赞来到了长安城。可是他很快发现，很多国家的使臣都来到了这里，他们都想向美丽的公主求婚。唐朝的皇帝很为难，他不知道该把自己心爱的公主嫁给谁才好。想来想去，他想出了一个主意。他对大家说："我要给你们出五道题，谁能解决这五道难题，我就把公主嫁到谁的国家。"大家一听都有些紧张，只有禄东赞一个人很有信心，他相信自己一定能够做到。

3. 皇帝拿出一颗珍珠，请使臣把一条线穿过这颗特别的珍珠，这颗珍珠里面有九道弯，谁也不可能把线从中间穿过去。大家你看我，我看你，都没有办法。可禄东赞却抓了一只蚂蚁，把线系在了蚂蚁腿上，把它放在珍珠的一边，然后又在珍珠的另一边抹上了蜂蜜。蚂蚁闻到了蜂蜜的甜味，就马上向蜂蜜爬去，等蚂蚁爬过去了，线当然也就穿过去了。

4. 一个难题解决了，可是下一个难题又来了。这次皇帝要求使臣们给一百匹小马找妈妈。禄东赞让人把小马们单独关一个晚上，只给它们吃东西但不让喝水。第二天早上，小马们都很快找到自己的妈妈喝奶去了。这样，吐蕃的使臣又胜利了。

5. 皇帝又拿出一百根头尾一般粗的树干，让使臣们分清楚哪一头是树根、哪一头是树梢。因为知道树根比树梢重一点儿，别国的使臣就一棵一棵地称，一棵一棵地看。禄东赞却一下子把所有的树干都推进水里。木头一到水里，重的那一头就沉到水下，轻的就浮在上面，树根树梢马上分得一清二楚。

6. 皇帝规定每个使臣必须在一天之内吃完一只羊，喝完一坛酒，还要回到自己的住处去。别的使臣喝醉了，也不认识回住处的路了。可是禄东赞来之前就已经在自己的住处系了一根绳，一直拉到喝酒的地方，这样最后他还是顺着绳回到了住处。

7. 皇帝看禄东赞解决了这些难题，就同意把公主嫁给吐蕃国王松赞干布。可是他要求禄东赞自己从五百个打扮得一模一样的女孩儿里找出公主来。大家谁也没见过公主，都觉得这道题太难了。没想到禄东赞已经提前了解到公主很喜欢用一种香，味道很特别，蜜蜂很喜欢这种香味。找公主的那天，禄东赞手里抓了一只蜜蜂，看到女孩子们都出来了就松开手，手里的蜜蜂马上就飞

到了公主头上，禄东赞当然马上就认出了公主。

  8. 五个难题都被禄东赞解答出来，皇帝心想：吐蕃的使臣都这么聪明，他们的国王一定更出色。于是他就把文成公主嫁给了吐蕃国王松赞干布。

（共计1012字，建议阅读时间11分钟）

课文拼音

13. Cōngming de Lù Dōngzàn

  1. Táng Tàizōng shíqī, zài yáoyuǎn de Qīngzàng Gāoyuán shang, niánqīng de Sōngzàngānbù tǒngyīle Tǔbō, jiànlìle zìjǐ de Tǔbō wángcháo. Tā xiǎng qǔ yí wèi Tángcháo de gōngzhǔ zuò zìjǐ de qīzi. Kěshì pài shuí qù qiúhūn ne? Tā xiǎngdàole cōngming de Lù Dōngzàn.

  2. Lù Dōngzàn láidàole Cháng'ān Chéng. Kěshì tā hěn kuài fāxiàn, hěn duō guójiā de shǐchén dōu láidàole zhèli, tāmen dōu xiǎng xiàng měilì de gōngzhǔ qiúhūn. Tángcháo de huángdì hěn wéinán, tā bù zhīdào gāi bǎ zìjǐ xīn'ài de gōngzhǔ jiàgěi shuí cái hǎo. Xiǎng lái xiǎng qù, tā xiǎngchūle yí ge zhǔyì. Tā duì dàjiā shuō: "Wǒ yào gěi nǐmen chū wǔ dào tí, shuí néng jiějué zhè wǔ dào nántí, wǒ jiù bǎ gōngzhǔ jiàdào shuí de guójiā." Dàjiā yì tīng dōu yǒuxiē jǐnzhāng, zhǐyǒu Lù Dōngzàn yí ge rén hěn yǒu xìnxīn, tā xiāngxìn zìjǐ yídìng nénggòu zuòdào.

3. Huángdì náchū yì kē zhēnzhū, qǐng shǐchén bǎ yì tiáo xiàn chuānguò zhè kē tèbié de zhēnzhū, zhè kē zhēnzhū lǐmian yǒu jiǔ dào wān, shuí yě bù kěnéng bǎ xiàn cóng zhōngjiān chuān guoqu. Dàjiā nǐ kàn wǒ, wǒ kàn nǐ, dōu méiyǒu bànfǎ. Kě Lù Dōngzàn què zhuāle yì zhī mǎyǐ, bǎ xiàn jì zài le mǎyǐ tuǐ shang, bǎ tā fàng zài zhēnzhū de yìbiān, ránhòu yòu zài zhēnzhū de lìng yìbiān mǒshangle fēngmì. Mǎyǐ wéndàole fēngmì de tiánwèi, jiù mǎshàng xiàng fēngmì páqù, děng mǎyǐ pá guoqule, xiàn dāngrán yě jiù chuān guoqule.

4. Yí ge nántí jiějué le, kěshì xià yí ge nántí yòu lái le. Zhè cì huángdì yāoqiú shǐchénmen gěi yìbǎi pǐ xiǎomǎ zhǎo māma. Lù Dōngzàn ràng rén bǎ xiǎomǎmen dāndú guān yíge wǎnshang, zhǐ gěi tāmen chī dōngxi dàn bú rang hē shuǐ. Dì'èr tiān zǎoshang, xiǎomǎmen dōu hěn kuài zhǎodào zìjǐ de māma hē nǎi qù le. Zhèyàng, Tǔbō de shǐchén yòu shènglì le.

5. Huángdì yòu náchū yìbǎi gēn tóu wěi yìbān cū de shùgàn, ràng shǐchénmen fēn qīngchu nǎ yìtóu shì shùgēn, nǎ yìtóu shì shùshāo. Yīnwèi zhīdào shùgēn bǐ shùshāo zhòng yìdiǎnr, bié guó de shǐchén jiù yì kē yì kē de chēng, yìkē yìkē de kàn. Lù Dōngzàn què yíxiàzi bǎ suǒyǒu de shùgàn dōu tuījìn shuǐli. Mùtou yí dào shuǐli, zhòng de nà yìtóu jiù chéndào shuǐ xià, qīng de jiù fú zài shàngmian, shùgēn shùshāo mǎshàng fēn de yì qīng èr chǔ.

6. Huángdì guīdìng měi ge shǐchén bìxū zài yì tiān zhī nèi chīwán yì zhī yáng, hēwán yì tán jiǔ, hái yào huídào zìjǐ de zhùchu qu. Bié de shǐchén hēzuì le, yě bú rènshí huí zhùchu de lù le. Kěshì Lù Dōngzàn lái zhīqián jiù yǐjing zài zìjǐ de zhùchu jìle yì gēn shéng, yìzhí lādào hē jiǔ de dìfang, zhèyàng zuìhòu

tā háishi shùnzhe shéng huídàole zhùchu.

7. Huángdì kàn Lù Dōngzàn jiějuéle zhèxiē nántí, jiù tóngyì bǎ gōngzhǔ jià gěi Tǔbō guówáng Sōngzàngānbù. Kěshì tā yāoqiú Lù Dōngzàn zìjǐ cóng wǔbǎi ge dǎbàn de yì mú yí yàng de nǚhái li zhǎochū gōngzhǔ lái. Dàjiā shuí yě méi jiànguo gōngzhǔ, dōu juéde zhè dào tí tài nán le. Méi xiǎngdào Lù Dōngzàn yǐjing tíqián liǎojiě dào gōngzhǔ hěn xǐhuan yòng yì zhǒng xiāng, wèidao hěn tèbié, mìfēng hěn xǐhuan zhè zhǒng xiāngwèi. Zhǎo gōngzhǔ de nà tiān, Lù Dōngzàn shǒuli zhuā le yì zhī mìfēng, kàndào nǚháizimen dōu chulaile jiù sōngkāi shǒu, shǒuli de mìfēng mǎshàng jiù fēidàole gōngzhǔ tóu shàng, Lù Dōngzàn dāngrán mǎshang jiù rènchūle gōngzhǔ.

8. Wǔ ge nántí dōu bèi Lù Dōngzàn jiědá chulai, huángdì xīn xiǎng: Tǔbō de shǐchén dōu zhème cōngming, tāmen de guówáng yídìng gèng chūsè. Yúshì tā jiù bǎ Wénchéng Gōngzhǔ jiàgěile Tǔbō guówáng Sōngzàngānbù.

课文英译

13. Clever Lu Dongzan

1. During the reign of Tang Taizong, on the remote Qinghai-Tibet Plateau, the young and capable king Songtsan Gambo unified the Tufan people and established his own dynasty. He wanted to marry a Tang princess as his wife, but was unsure of whom to send with his request. Songtsan Gambo finally thought of his wise minister, Lu Dongzan.

2. When Lu Dongzan arrived at the city of Chang'an (today's Xi'an), he found that representatives from many other different countries were already there, intending to ask for the beautiful princess' hand in marriage. The Tang emperor was not sure who should his beloved princess marry. After careful thinking, he came up with an idea. He said to everyone, "I will give you five challenges. Who can overcome these challenges, I will marry my daughter to his country." Hearing this, everyone except Lu Dongzan was a little nervous. Only he was confident of completing the tasks.

3. The first challenge was to thread a special pearl which had nine curves in it. No one except Lu Dongzan knew what to do. He tied the thread onto the leg of an ant, and placed the ant on one side of the pearl. On the other side, he spread some honey. The ant, attracted to the sweet smell of the honey, climbed through the pearl. When it came out on the other side, the pearl was successfully threaded.

4. The first challenge had been overcome, but the second was quickly brought forth. It was to let colts find their mothers respectively. Lu Dongzan ordered the foals to be locked on their own for the night. He permitted them to be fed, but would not give them water. In the morning, the foals, feeling thirsty after a night without water, quickly found their mothers for a feed. The Tufan emissary won again.

5. The Tang emperor's third challenge was to distinguish the root and tip of 100 tree trunks whose roots and tips were identical in width. Since the root is a little heavier than the tip, the other countries' emissaries weighed the trunks one by one. Lu Dongzan,

however, threw all of the trunks into water. The heavier roots sank into the water, while the lighter tips floated on top. Hence, the roots and tips were quickly and clearly separated.

6. After this, the Tang emperor commanded each of the emissaries to eat a whole sheep, drink a jar of wine, and then find their way back to their living quarters. The other emissaries became drunk, and could not find their way home. Before leaving home, Lu Dongzan tied one end of a line to his house, and then took the line with him to the place of the competition. After drinking, he followed the line, thus returning home without difficulties.

7. Seeing that Lu Dongzan had overcome all these challenges, the emperor agreed to marry his princess to the ruler of the Tufan. However, he first required that Lu Dongzan find the princess among 500 girls who were attired exactly the same. No one had seen the princess before, though, and so other emissaries thought that this challenge was too difficult. Unexpectedly, Lu Dongzan already knew that the princess liked to use a unique kind of perfume that bees liked. When the day came to find the princess, he captured a bee and took it with him. When the 500 girls came out, he let the bee fly. It flew straight to one girl's head. Of course, Lu Dongzan immediately recognized who the princess was.

8. After seeing Lu Dongzan overcame all his challenges, the Tang emperor thought to himself that if Tufan's emissary was clever like this, its king must indeed be a prominent one, and so married his princess, Wencheng, to the Tufan king Songtsan Gambo.

生词

1. 遥远	yáoyuǎn	（形）	distant, remote
2. 统一	tǒngyī	（动）	to unite
3. 建立	jiànlì	（动）	to build
4. 王朝	wángcháo	（名）	dynasty
5. 使臣	shǐchén	（名）	emissary
6. 求婚	qiúhūn	（动）	to propose
7. 为难	wéinán	（形）	awkward
8. 信心	xìnxīn	（名）	confidence
9. 珍珠	zhēnzhū	（名）	pearl
10. 弯	wān	（名）	bend
11. 穿	chuān	（动）	to thread
12. 蚂蚁	mǎyǐ	（名）	ant
13. 抹	mǒ	（动）	to smear
14. 蜂蜜	fēngmì	（名）	honey
15. 树梢	shùshāo	（名）	treetop
16. 沉	chén	（动）	to sink
17. 浮	fú	（动）	to float
18. 顺	shùn	（动）	to follow
19. 一模一样	yì mú yí yàng		exactly alike
20. 香	xiāng	（名）	perfume, scent

聪明的禄东赞

背景知识

1. 青藏高原：中国最大的高原，也是世界上最高的高原，因此有"世界屋脊"之称。它南侧的喜马拉雅山脉的主峰——珠穆朗玛峰是世界第一高峰。

The Qinghai-Tibet Plateau is the biggest plateau in China as well as the highest plateau in the world. Therefore, it is often known as the "Roof of the World". The main peak of the Himalayas, located in the southern section of the plateau, is Mount Qomolangma(Mount Everest), which is the world's highest peak.

2. 吐蕃：唐朝时古代藏族建立的政权。它的国王松赞干布娶了唐太宗的养女文成公主。二人的婚姻也带来了汉藏两个民族经济文化各方面的交流。

Tufan was a regime established by the Tibetan people in the Tang Dynasty. The king, Songtsan Gambo, married the Tang emperor's foster child — the princess Wencheng. Their marriage encouraged both economic and cultural communication between the two peoples.

3. 长安：今天西安的旧称，在中国的西北部，是周秦汉唐等十三个王朝的都城，是世界上建都时间最久的城市。

Chang'an—present-day Xi'an—is located in the northwest of China. It was the capital of 13 dynasties such as Zhou,

Qin, Han, and Tang. It is the oldest capital in the world.

4. 布达拉宫：始建于公元7世纪，是藏王松赞干布为远嫁西藏的唐朝文成公主而建。它是藏建筑文化的杰出代表。

The Potala Palace, located in Lhasa, was built in the 7th century by the Tibetan king Songtsan Gambo for his wife, the princess Wencheng of the Tang Dynasty. It is an outstanding example of Tibetan architecture.

注释

1. 谁能解决这五道难题，我就把公主嫁到谁的国家。

这个句子里有两个相同的疑问词"谁"，指的是同一个人。前一个"谁"表示任何人，后一个"谁"说的是前面所指的人，前后两个分句常常用"就"来连接。

These two question words refer to the same person. The first "谁" indicates anyone and the latter "谁" indicates the same one mentioned before. The two clauses are always connected by "就", e.g.

例如：谁最先拿到这个气球，谁就是第一名。
　　　谁愿意和我一起去，我就和谁一起去。

2. 谁也不可能把线从中间穿过去。

　　大家谁也没见过公主，都觉得这道题太难了。

"谁"在这两个句子里并不是疑问词，它表示任何人。句子中常常用副词"也"或者"都"。

"谁" in these two sentences is not a question word. It indicates anyone. In these kinds of sentences, the adverbs "也" and "都" are always used.

例如：谁都不相信她说的话。

这些人我谁也没见过。

3. 树根比树梢重一点儿。

有"比"的句子用于比较两个事物的差别。"一点儿"是表示两个事物之间的差别不大。

We use "比" to compare two things. "一点儿" means these two things have little difference.

例如：我比他高一点儿。

她比我胖一点儿。

练习

一、下面每个句子都有一个画线的词语，A、B、C、D四个答案是对这一画线词语的不同解释，请根据课文内容，选择最恰当的一种解释。

1. 松赞干布<u>派</u>禄东赞去向唐朝皇帝求婚。
   A. 请求　　B. 让　　C. 求　　D. 使

2. 只有禄东赞一个人很<u>有信心</u>，他相信自己一定能够做到。
   A. 相信　　B. 自信　　C. 信任　　D. 不信

3. 皇帝拿出一百根头尾一般粗的树干，让使臣们分清楚树根和树梢。
   A. 普通　　B. 一起　　C. 一样　　D. 一同

4. 禄东赞看到女孩子们都出来了就松开手把蜜蜂放出来，这样就找到了公主。
   A. 拉开　　B. 拽开　　C. 放开　　D. 弄开

二、请根据课文内容在 A、B、C、D 四个答案中选择唯一正确的答案。

1. 松赞干布想到了聪明的禄东赞是想让他_____。
   A. 去向唐朝的皇帝求婚　　B. 帮自己想办法
   C. 娶唐朝公主　　D. 给自己找一个唐朝公主

2. 禄东赞解决了_____道难题之后，唐朝皇帝才真正答应把公主嫁到吐蕃。
   A. 三　　B. 四　　C. 五　　D. 六

3. _____帮助禄东赞解决了两道难题。
   A. 蚂蚁和蜜蜂　　B. 马和蚂蚁
   C. 马和蜜蜂　　D. 羊和马

4. 唐朝皇帝把公主嫁给吐蕃国王是因为他认为吐蕃国王_____。
   A. 比禄东赞更聪明　　B. 很有钱
   C. 很会选使臣　　D. 很懂礼貌

三、下面每个句子后都有一个指定词语，句中 A、B、C、D 是供选择的四个不同位置，请判断这一词语放在句中哪个位置上恰当。

1. 谁能解决 A 皇帝 B 提出的难题 C 就能娶到 D 唐朝公主。

(谁)

2. 禄东赞 A 所有 B 的使臣 C 都聪明 D。　　　　　（比）

3. 谁 A 没有信心 B 把唐朝皇帝的 C 五个难题 D 都解决。

（也）

4. 皇帝让禄东赞 A 从五百人中 B 找 C 公主 D 来。　（出）

四、下面这段话中有若干个空儿，请根据上下文的意思在每一个空格中填写一个恰当的汉字。

唐_____皇帝"五难求婚使"是在青藏高_____上流传已久的故事。虽_____这个故事不一定是事实，但是却反_____了吐蕃人民对唐蕃友好的愿_____和对完成求婚使命的使者禄东赞的赞_____。

试试看

如果你遇到了课文中的那些难题，你有没有什么更好的办法来解决？

十四　美丽的阿诗玛

1. 在云南彝族人居住的地方，有一位美丽善良的姑娘，名叫阿诗玛。她出生的时候父母给她起了这个名字，意思就是"金子"。阿诗玛渐渐长大了，她长得像鲜花一样美丽。很多年轻的小伙子都非常喜欢她。可是她的心里只有阿黑一个人。阿黑是一个勇敢的小伙子。他在火把节的摔跤比赛上得了第一名，同时也得到了阿诗玛的心。阿黑很喜欢骑马射箭，他有一支神箭，什么事情都难不倒他。

2. 有一个叫阿支的人也很喜欢阿诗玛，虽然他的家里很有钱，但这个人很坏，阿诗玛很讨厌他。阿支知道了阿诗玛和阿黑相爱的事情，非常生气。他想："<u>我一定要得到阿诗玛。</u>"阿支花了很多钱请了一个很会说话的媒人，去说服阿诗玛的父母，让他们把阿诗玛嫁给他。

3. 阿诗玛听说后，就拒绝那个媒人说："清水不愿意和浑水在一起。请你回去吧。"媒人走后，阿诗玛担心阿支报复，想立刻找到阿黑。可是这个时候阿黑在山上，无法得到消息。阿诗玛就摘下院子里的一朵山茶花，放进河水里，请求河水倒流，告诉阿黑让他快来。河水真的倒流了，阿黑一看到山茶花就知道阿诗玛有事情，他急忙背上箭骑上马，去救阿诗玛。

4. 一座山挡住了他，阿黑用神箭射穿了山跑过去。一片树林挡住了他，阿黑用神箭射开了树林。等他到了阿诗玛家才知道阿支已经抢走了阿诗玛。阿黑又骑马向阿支家跑去。阿支家的门紧紧地关着，阿支正在里面逼阿诗玛嫁给他，阿诗玛不答应，阿支就开始打她。阿黑听到里面阿诗玛的哭喊声，气得一箭射开大门，又一箭射倒了房子，阿支吓得要命，只好放走了阿诗玛。

5. 阿黑和阿诗玛两个人骑上马，高高兴兴地往家走。阿支气得不得了，带人拉开挡住洪水的闸门，洪水一下子冲了出来。阿黑没发现，结果他的箭被水冲走了。阿黑没办法用神箭射走洪水，他和阿诗玛一起掉进了水中。阿黑使劲伸手去拉阿诗玛，可是阿诗玛已经被洪水冲远了。

6. 阿黑到处寻找阿诗玛，他找了很长时间，找了很多地方，可哪里都没有。阿黑大声地呼喊："阿—诗—玛！阿—诗—玛！"他听到山上传来同样的声音："阿—诗—玛！阿—诗—玛！"原来阿诗玛变成了一座山，只要你对着它喊，对面就会传来同样的声音。

7. 每当阿黑想念阿诗玛时，他就会对着那座山喊阿诗玛的名字，那座美丽的山也会用同样的声音来回答他。虽然阿诗玛死了，但她变成的石峰永远和阿黑在一起。

(共计942字，建议阅读时间10分钟)

课文拼音

14. Měilì de Āshīmǎ

1. Zài Yúnnán Yízú rén jūzhù de dìfang, yǒu yí wèi měilì shànliáng de gūniang, míng jiào Āshīmǎ. Tā chūshēng de shíhou fùmǔ gěi tā qǐle zhège míngzi, yìsi jiù shì "jīnzi". Āshīmǎ jiànjiàn zhǎngdà le, tā zhǎng de xiàng xiānhuā yíyàng měilì. Hěnduō niánqīng de xiǎohuǒzi dōu fēicháng xǐhuan tā. Kěshì tā de xīnli zhǐyǒu Ā Hēi yí ge rén. Ā Hēi shì yí ge yǒnggǎn de xiǎohuǒzi. Tā zài Huǒbǎ Jié de shuāi jiāo bǐsài shang déle dìyī míng, tóngshí yě dédàole Āshīmǎ de xīn. Ā Hēi hěn xǐhuan qí mǎ shè jiàn, tā yǒu yì zhī shénjiàn, shénme shìqing dōu nán bu dǎo tā.

2. Yǒu yí ge jiào Ā Zhī de rén yě hěn xǐhuan Āshīmǎ, suīrán tā de jiāli hěn yǒu qián, dàn zhège rén hěn huài, Āshīmǎ hěn tǎoyàn tā. Ā Zhī zhīdàole Āshīmǎ hé Ā Hēi xiāng'ài de shìqing, fēicháng shēngqì. Tā xiǎng: "Wǒ yídìng yào dédào Āshīmǎ." Ā Zhī huāle hěn duō qián qǐngle yí ge hěn huì shuōhuà de méirén, qù shuōfú Āshīmǎ de fùmǔ,

ràng tāmen bǎ Āshīmǎ jià gěi tā.

3. Āshīmǎ tīngshuō hòu, jiù jùjué nàge méiren shuō: "Qīngshuǐ bú yuànyì hé húnshuǐ zài yìqǐ. Qǐng nǐ huíqu ba." Méiren zǒu hòu, Āshīmǎ dānxīn Ā Zhī bàofu, xiǎng lìkè zhǎodào Ā Hēi. Kěshì zhège shíhou Ā Hēi zài shān shang, wúfǎ dédào xiāoxi. Āshīmǎ jiù zhāixià yuànzi li de yì duǒ shāncháhuā, fàngjìn héshuǐ li, qǐngqiú héshuǐ dào liú, gàosu Ā Hēi ràng tā kuài lái. Héshuǐ zhēnde dào liú le, Ā Hēi yí kàndào shāncháhuā jiù zhīdào Āshīmǎ yǒu shìqing, tā jímáng bēishang jiàn qíshang mǎ, qù jiù Āshīmǎ.

4. Yí zuò shān dǎngzhùle tā, Ā Hēi yòng shénjiàn shèchuānle shān pǎo guoqu. Yí piàn shùlín dǎngzhùle tā, Ā Hēi yòng shénjiàn shèkāile shùlín. Děng tā dàole Āshīmǎ jiā cái zhīdào Ā Zhī yǐjing qiǎngzǒule Āshīmǎ. Ā Hēi yòu qí mǎ xiàng Ā Zhī jiā pǎoqu. Ā Zhī jiā de mén jǐnjǐn de guānzhe, Ā Zhī zhèngzài lǐmian bī Āshīmǎ jiàgěi tā, Āshīmǎ bù dāying, Ā Zhī jiù kāishǐ dǎ tā. Ā Hēi tīngdào lǐmian Āshīmǎ de kūhǎn shēng, qì de yí jiàn shèkāi dàmén, yòu yí jiàn shèdǎole fángzi, Ā Zhī xià de yàomìng, zhǐhǎo fàngzǒule Āshīmǎ.

5. Ā Hēi hé Āshīmǎ liǎng ge rén qíshang mǎ, gāogāoxìngxìng de wǎng jiā zǒu. Ā Zhī qì de bùdeliǎo, dài rén lākāi dǎngzhù hóngshuǐ de zhámén, hóngshuǐ yíxiàzi chōngle chulai. Ā Hēi méi fāxiàn, jiéguǒ tā de jiàn bèi shuǐ chōngzǒule. Ā Hēi méi bànfǎ yòng shénjiàn shèzǒu hóngshuǐ, tā hé Āshīmǎ yìqǐ diàojìnle shuǐ zhōng. Ā Hēi shǐjìn shēn shǒu qù lā Āshīmǎ, kěshì Āshīmǎ yǐjing bèi hóngshuǐ chōngyuǎn le.

6. Ā Hēi dàochù xúnzhǎo Āshīmǎ, tā zhǎole hěn cháng shíjiān, zhǎole hěn duō dìfang, kě nǎli dōu méiyǒu. Ā Hēi dàshēng de hūhǎn: "Ā-shī-mǎ! Ā-shī-mǎ!" Tā tīngdào shān shang chuánlái tóngyàng de shēngyīn: "Ā-shī-mǎ! Ā-shī-mǎ!" Yuánlái Āshīmǎ biànchéngle yí zuò shān, zhǐyào nǐ duìzhe tā hǎn, duìmiàn jiù huì chuánlái tóngyàng de shēngyīn.

7. Měi dāng Ā Hēi xiǎngniàn Āshīmǎ shí, tā jiù huì duìzhe nà zuò shān hǎn Āshīmǎ de míngzi, nà zuò měilì de shān yě huì yòng tóngyàng de shēngyīn lái huídá tā. Suīrán Āshīmǎ sǐ le, dàn tā biànchéng de shífēng yǒngyuǎn hé Ā Hēi zài yìqǐ.

课文英译

14. Beautiful Ashima

1. Once upon a time in the territory of Yunnan's Yi people, there was a beautiful, kind-hearted girl named Ashima. Her name, given by her parents when she was born, means "gold". She gradually grew into adulthood, becoming more and more beautiful. She was liked very much by many young men. However, Ashima cared only for one man — Ahei. He was a courageous young man who won the first place at the Torch Festival's wrestling competition. At the same time, he also won Ashima's heart. Ahei liked horse riding and archery. He also possessed a magic arrow. With his magic arrow, nothing could beat him.

2. There was another man called Azhi in this village who liked Ashima as well. Although he was very rich, he was wicked. Ashima disliked him very much. He knew about Ashima and Ahei's love for each other, and was very angry. He made a decision to get Ashima for himself by any means. He spent a large amount of money to employ a match-maker, and sent her to persuade Ashima's parents to give Ashima to him in marriage.

3. When Ashima heard about this, she refused the match-maker, saying, "Clear water should not be mixed with muddy water. Please leave." After the match-maker left, Ashima, worried about Azhi's revenge, and wanted to tell Ahei immediately. But at that time, Ahei was up in the mountains and had no way of knowing what happened. Ashima picked a camellia from the courtyard and put it into the river. She then pleaded the river to flow backwards so that Ahei could get the message. The river indeed flowed backwards, and Ahei, upon seeing the flower, knew that something bad must have happened. He shouldered his arrows, mounted his horse, and rode off to save Ashima.

4. On the way back, a mountain get in Ahei's way. He used his magic arrow to split the mountain and allow him to pass. Later, a forest also blocked his way to Ashima. Again, he used his magic arrow to shoot open a path through the forest. He arrived at Ashima's house, only to find that Azhi had already kidnapped her. He then rode to Azhi's house. When he arrived, the gate of Azhi's house was closed tightly. Azhi was inside, trying to force Ashima to marry him. When she refused, Azhi started to beat her. Ahei, hearing Ashima's cries, was furious. With one shot he blasted the gate open, and with another the house was leveled. Azhi was terrified, and had no choice

but to let Ashima go.

5. Ahei and Ashima mounted Ahei's horse and set off happily for home. Azhi was extremely angry. He took some people with him to open the sluice gate. The floodwater came upon Ahei and Ashima suddenly, washing away Ahei's magic arrow. Having no way to make the floodwater recede, they were swept away. Ahei tried with all strength to reach out to Ashima, but she had already been washed away by the floodwater.

6. Ahei searched everywhere for Ashima for a very long time, but still she could not be found anywhere. He shouted out, "A-SHI-MA! A-SHI-MA!" Then, the same voice coming from mountain answered him, "A-SHI-MA! A-SHI-MA!" Ashima had turned into a mountain. If you face the mountain and shout, the same sound would reply from the mountain.

7. Whenever Ahei missed Ashima, he shouted Ashima's name to that mountain, and the mountain would echo. Ashima had died. However, the peak she had turned into would be with Ahei forever.

生词

1.	渐渐	jiànjiàn	（副）	gradually
2.	摔跤	shuāi jiāo	（动）	to wrestle
3.	射箭	shè jiàn	（动）	to shoot an arrow
4.	神箭	shénjiàn	（名）	magic arrow
5.	媒人	méiren	（名）	match-maker

6. 说服	shuōfú	（动）	to persuade
7. 拒绝	jùjué	（动）	to refuse
8. 浑	hún	（形）	muddy, turbid
9. 报复	bàofu	（动）	to retaliate
10. 摘	zhāi	（动）	to pick
11. 倒	dào	（动）	to fall
12. 急忙	jímáng	（副）	hastily
13. 挡	dǎng	（动）	to get in one's way
14. 紧	jǐn	（形）	tight
15. 逼	bī	（动）	to force
16. 要命	yàomìng	（动）	to drive somebody to death
17. 闸门	zhámén	（名）	sluice gate

背景知识

1. 云南： 在中国的西南部，是少数民族最多的省份之一。省会是"春城"昆明。云南省的简称是"滇"或者"云"。

Yunnan, located in the southwest of China, is one of the provinces with the largest number of ethnic groups. Its capital is Kunming which is known as the "Spring City". Yunnan is abbreviated to "滇" or "云".

2. 彝族：中国人数较多、分布较广、历史悠久的少数民族之一。彝族人民能歌善舞，"阿细跳月"是彝族最著名的舞蹈之一。

Yi ethnic group, with a long history, is one of the populous and widely-distributed peoples. It distributes far and wide. The Yi people are good at singing and dancing. "Axi Jumps over the Moon" is one of the most famous Yi dances.

3. 火把节：彝族人民一年一度最隆重、最欢乐的节日。这一天会举行斗牛、赛马、赛歌、摔跤等庆祝活动，夜晚还要进行火把游行和篝火晚会。

Torch Festival is a special festival of the Yi people. It is celebrated by such activities as bullfighting, horse-racing, singing competitions, wrestling, etc. At night there are torch parades and bonfires.

4. 阿诗玛：传说中一个美丽的姑娘，现在云南的石林里有一座以阿诗玛命名的石峰。

Ashima was the name of a beautiful lady in the legend. Now there is a hill in Yunnan's stone forest named after her.

5. 媒人：指介绍男女之间结成婚姻关系的人。也被称做"红娘"或"月老"。

The person who tries to arrange marriages is called match-maker. Match-makers are also called "red lady" or "the old man under the moon".

注释

1. 射穿、射开、射倒、射走

"穿""开""倒""走"都是补语，表示"射"的结果。

穿，开，倒 and 走 are the complements of state following the main verbs. The main function is to describe the result of the verb, e.g.：

例如：他一枪打穿了敌人的胸膛。

我们推开了窗户。

他不小心摔倒了。

他借走了我的书。

2. 阿黑一看到山茶花就知道阿诗玛有事情。

"一……就……"可以表示两个动作、两件事情之间的时间很短，后一个动作紧跟着前一个动作。

一……就…… means "as soon as"，"very short interval between two actions"，"the second action immediately follows the first one"，e.g.：

例如：他一毕业就回了国。

他饿极了，一下课就跑出去吃饭。

"一……就……"还可以表示前一动作是条件或原因，后一动作是结果。本课就是第二种用法。

一……就…… can also indicate that the first action is the condition or cause, and the second one the result. It is used in this way in this lesson, e.g.：

例如：我一看就知道她是外国人。

她很害羞，人多的时候她一说话就脸红。

3. <u>只要</u>你对着它喊，对面<u>就</u>会传来同样的声音。

"只要……就……"前半句是条件，一般是必要条件，后半句是结果。

"只有……才……"的前半句也是条件，但表示唯一的条件。

只要……就……："只要" introduces the condition, which is usually a necessary one and what follows "就" is the result this condition brings about.

只有……才……："只有" indicates a condition, which is the only condition.

例如：只要你愿意，就可以去。

我们只要打个电话，他就会把东西送来。

只有这个办法才能解决问题。

只有这条路才可以上山。

4. <u>虽然</u>阿诗玛死了，<u>但</u>她变成的石峰永远和阿黑在一起。

"虽然……但……"前半句承认前边的情况，后半句转折，突出"但"后面的意思。"但"还可以说"可"。

虽然……但…… means "although". The first clause affirms and admits the fact following "虽然", and then the second clause, which has a change in meaning, emphasizes the meaning following "但".

"但" can be replaced by "可", e.g.:

例如：虽然我觉得汉语有些难，但（可）我很喜欢汉语。
　　　虽然他有些不愿意，但（可）他还是去了。

练习

一、请根据课文内容在 A、B、C、D 四个答案中选择唯一正确的答案。

1. 阿诗玛是一个_____姑娘。
   A. 彝族　　B. 汉族　　C. 外国　　D. 外地

2. 根据课文，大家对阿诗玛的态度是_____。
   A. 害怕　　B. 喜欢　　C. 无所谓　　D. 欢迎

3. 阿黑是阿诗玛的_____。
   A. 朋友　　B. 同学　　C. 男朋友　　D. 丈夫

4. 阿诗玛讨厌阿支是因为她觉得阿支_____。
   A. 人品差　　B. 太有钱　　C. 长得丑　　D. 不会摔跤

5. 第2段画横线的词"得到"在课文中的意思是_____。
   A. 破坏阿诗玛和阿黑的关系
   B. 得到阿诗玛真心的爱
   C. 和阿诗玛结婚
   D. 得到阿诗玛家里的钱

6. 第3段画横线的句子意思是_____。
   A. 我不想和你说话　　B. 我不想让你在我家里
   C. 我想和阿黑在一起　　D. 我不想和阿支在一起

7. 阿黑知道阿诗玛有事情后赶快_____去救她。
   A. 骑马　　　B. 上山　　　C. 跑步　　　D. 射箭

8. 阿诗玛最后_____。
   A. 被洪水冲走了
   B. 只会说别人说过的话
   C. 和阿黑结婚了
   D. 离开了阿黑，和阿支在一起

二、请根据课文内容判断下列句子的正误。

1. 只有阿黑和阿支喜欢阿诗玛。　　　　　　　（　　）
2. 阿诗玛只喜欢阿黑一个人。　　　　　　　　（　　）
3. 阿支想和阿诗玛结婚，可是因为媒人不会说话被拒绝了。
   　　　　　　　　　　　　　　　　　　　　（　　）
4. 阿黑看到河水倒流知道阿诗玛有事情。　　　（　　）
5. 阿黑射倒了阿支家的房子，他们很害怕所以放走了阿诗玛。　　　　　　　　　　　　　　　　　　　　（　　）
6. 阿黑的神箭用完了，所以没有射走洪水。　　（　　）
7. 阿黑到处都找不到阿诗玛，可是他听到了阿诗玛的声音。
   　　　　　　　　　　　　　　　　　　　　（　　）
8. 阿诗玛和阿黑都变成了山，他们永远在一起。（　　）

三、请根据课文内容将下列句子按照合适的顺序排列。

1. 美丽善良的阿诗玛爱上了他。
2. 勇敢的彝族小伙子阿黑在摔跤比赛上得了第一名。
3. 他向阿诗玛求婚，可是被拒绝了。

4. 阿黑救出了阿诗玛，但阿支派人拉开水闸，洪水冲走了阿诗玛。
5. 有钱但是人品不好的阿支也爱上了阿诗玛。
6. 于是他就派人抢走了阿诗玛。
7. 美丽的阿诗玛死后变成了石峰，永远和阿黑在一起。

四、下面的句子中有一个或两个空儿，请根据课文的意思在 A、B、C、D 四个答案中选择唯一恰当的填上。

1. 小伙子们都很喜欢阿诗玛，_____阿诗玛只喜欢阿黑一个人。
   A. 可是　　B. 而且　　C. 希望　　D. 愿意

2. _____阿支家里很有钱，可阿诗玛并不喜欢他。
   A. 既然　　B. 仍然　　C. 虽然　　D. 果然

3. 阿黑带着阿诗玛刚_____走到堤坝，洪水_____冲了下来。
   A. 一……才……　　B. 一……就……
   C. 一……再……　　D. 一……又……

4. 阿黑_____喊阿诗玛的名字，她_____会回答他。
   A. 只要……才……　　B. 既然……那么……
   C. 只有……才……　　D. 只要……就……

5. 那座山和阿诗玛一模一样，_____它是阿诗玛变的。
   A. 本来　　B. 后来　　C. 将来　　D. 原来

五、下面这段文字中有若干个空儿（空儿中标有题目序号），请根据课文的意思在A、B、C、D四个答案中选择唯一恰当的词语。

阿诗玛是一个美丽_____1_____善良的姑娘，人们_____2_____很喜欢她。她_____3_____一个勇敢的小伙子阿黑相爱了。_____4_____一个叫阿支的人逼阿诗玛和他结婚。阿诗玛不同意，他_____5_____派人抢走了阿诗玛。阿黑救_____6_____阿诗玛。在他们两个回家的路_____7_____，阿支害死了阿诗玛。最后，阿诗玛变_____8_____一座山，永远和阿黑在一起。

1. A. 既　　　B. 又　　　C. 才　　　D. 再
2. A. 不　　　B. 都不　　C. 不都　　D. 都
3. A. 向　　　B. 对　　　C. 和　　　D. 给
4. A. 可是　　B. 因为　　C. 所以　　D. 然后
5. A. 还　　　B. 又　　　C. 再　　　D. 就
6. A. 过　　　B. 了　　　C. 着　　　D. 不
7. A. 上　　　B. 前　　　C. 里　　　D. 后
8. A. 了　　　B. 化　　　C. 成　　　D. 形

试试看

阿诗玛和阿黑为了追求爱情，不畏强暴，不怕牺牲。在你的国家有没有类似的故事？请讲给大家听一听。

·195·　美丽的阿诗玛

十五　勇敢的海力布

1. 海力布是蒙古族的一个猎人。他诚实善良，经常帮助别人。乡亲们都很喜欢他。

2. 有一天，海力布到大山里去打猎，忽然听见空中有喊"救命"的声音。他抬头一看，一只老鹰正抓着一条小白蛇飞过。他急忙拉开弓箭，对准老鹰射去。老鹰受了伤，丢下小白蛇逃走了。

3. 小白蛇是龙王的女儿。为了感谢海力布，龙王把自己嘴里的宝石送给了海力布。小白蛇告诉他："您嘴里含着这颗宝石，就能听懂各种动物的话。但是动物说什么，您只能自己知道。如果对别人说了，您就会变成一块石头。"

4. 海力布有了这颗宝石，打猎方便极了。他把宝石含在嘴里，能听懂各种动物的语言，这样就能知道哪座山上有哪些动物。从此以后，他得到的猎物就更多了，也能帮助更多的人了。但没人知道他有宝石这件事情。就这样几年过去了。

5. 有一天，海力布正在大山里打猎，忽然听见一群鸟在商量着什么。他仔细一听，那只带头的鸟说："咱们赶快飞到别处去吧！今天晚上，这里的大山要倒下，洪水要淹没大地，不知道要死多少人呢！"

6. 海力布听到这个消息，大吃一惊。他急忙跑回来对大家说："咱们赶快搬到别处去吧！这个地方不能住了！"大家听了很奇怪，住得好好的，为什么要搬家呢？尽管海力布焦急地催促大家，可是谁也不相信。海力布急得掉下了眼泪，说："我可以发誓，我说的话千真万确。相信我的话吧，赶快搬走！再晚就来不及了！"有位老人对海力布说："海力布，你是我们的好邻居，我们知道你从来不说谎话。可是今天你让我们搬家，你总得说清楚呀。咱们在这山下住了好几代啦，老老小小这么多人，搬家可不容易呀！"

7. 海力布知道着急也没有用，不把为什么要搬家说清楚，大家是不会相信的。再晚一些，灾难就会夺去乡亲们的生命。要救大家，只有牺牲自己。他想到这里，就镇定地对大家说："今天晚上，这里的大山要倒下，洪水要淹没大地。你们看，鸟都飞走了。"接着，他就把怎么得到宝石、怎么听见一群鸟商量以及为什么不能把听来的消息告诉别人，都原原本本地说了出来。海力布刚说完，就变成了一块石头，再也不能动了。

8. 大家看见海力布变成了石头，都十分后悔，也非常难过。他们含着眼泪，念着海力布的名字，扶着老人，领着孩子，赶着牛羊，往很远的地方走去。他们走在路上，忽然听见一声巨响，大山倒下了，洪水涌了出来，把他们住的村子都淹没了。

9. 洪水停了以后，大家找到海力布变成的石头，把它放在一座山的顶上，让后来的人们永远记住海力布。据说，现在还能找到那块叫做"海力布"的石头呢。

（共计1028字，建议阅读时间11分钟）

课文拼音

15. Yǒnggǎn de Hǎilìbù

1. Hǎilìbù shì Měnggǔzú de yí ge lièrén. Tā chéngshí shànliáng, jīngcháng bāngzhù biéren. Xiāngqīnmen dōu hěn xǐhuan tā.

2. Yǒu yì tiān, Hǎilìbù dào dà shān li qù dǎliè, hūrán tīngjiàn kōngzhōng yǒu hǎn "jiùmìng" de shēngyīn. Tā táitóu yí kàn, yì zhī lǎoyīng zhèng zhuāzhe yì tiáo xiǎobáishé fēiguo. Tā jímáng lākāi gōngjiàn, duìzhǔn lǎoyīng shèqu. Lǎoyīng shòule shāng, diūxià xiǎobáishé táozǒu le.

3. Xiǎobáishé shì lóngwáng de nǚ'ér. Wèile gǎnxiè Hǎilìbù, lóngwáng bǎ zìjǐ zuǐli de bǎoshí sònggěi le Hǎilìbù. Xiǎobáishé gàosu tā: "Nín zuǐli hánzhe zhè kē bǎoshí, jiù néng tīng dǒng gè zhǒng dòngwù de huà. Dànshì dòngwù shuō shénme, nín zhǐnéng zìjǐ zhīdào. Rúguǒ duì biéren shuō le, nín jiù huì biànchéng yí kuài shítou."

4. Hǎilìbù yǒule zhè kē bǎoshí, dǎliè fāngbiàn jí le. Tā bǎ bǎoshí hán zài zuǐli, néng tīngdǒng gè zhǒng dòngwù de yǔyán, zhèyang jiù néng zhīdào nǎ zuò shān shang yǒu nǎxiē dòngwù. Cóngcǐ yǐhòu, tā dédào de lièwù jiù gèng duō le, yě néng bāngzhù gèng duō de rén le. Dàn méi rén zhīdào tā yǒu bǎoshí zhè jiàn shìqing. Jiù zhèyang jǐ nián guo qu le.

5. Yǒu yì tiān, Hǎilìbù zhèngzài dà shān li dǎliè, hūrán tīngjiàn yì qún niǎo zài shāngliangzhe shénme. Tā zǐxì yì tīng, nà zhī dàitóu de niǎo shuō: "Zánmen gǎnkuài fēidào biéchù qu ba! Jīntiān wǎnshang, zhèli de dà shān yào dǎoxià, hóngshuǐ yào yānmò dàdì, bù zhīdào yào sǐ duōshao rén ne!"

6. Hǎilìbù tīngdào zhège xiāoxi, dà chī yì jīng. Tā jímáng pǎo huilai duì dàjiā shuō: "Zánmen gǎnkuài bāndào biéchù qu ba! Zhège dìfang bù néng zhù le!" Dàjiā tīngle hěn qíguài, zhù de hǎohāo de, wèishénme yào bānjiā ne? Jǐnguǎn Hǎilìbù jiāojí de cuīcù dàjiā, kěshì shuí yě bù xiāngxìn. Hǎilìbù jí de diàoxiàle yǎnlèi, shuō: "Wǒ kěyǐ fāshì, wǒ shuō de huà qiān zhēn wàn què. Xiāngxìn wǒ de huà ba, gǎnkuài bānzǒu! Zài wǎn jiù láibují le!" Yǒu wèi lǎorén duì Hǎilìbù shuō: "Hǎilìbù, nǐ shì wǒmen de hǎo línjū, wǒmen zhīdào nǐ cónglái bù shuō huǎnghuà. Kěshì jīntiān nǐ ràng wǒmen bānjiā, nǐ zǒng děi shuō qīngchu ya. Zánmen zài zhè shān xià zhùle hǎo jǐ dài la, lǎolǎoxiǎoxiǎo zhème duō rén, bānjiā kě bu róngyì ya!"

7. Hǎilìbù zhīdào zháojí yě méiyǒu yòng, bù bǎ wèishénme yào bānjiā shuō qīngchu, dàjiā shì bú huì xiāngxìn de. Zài wǎn yìxiē, zāinàn jiù huì duóqù xiāngqīnmen de shēngmìng. Yào jiù dàjiā, zhǐyǒu xīshēng zìjǐ. Tā xiǎngdào zhèli, jiù zhèndìng de

duì dàjiā shuō: "Jīntiān wǎnshang, zhèli de dàshān yào dǎoxià, hóngshuǐ yào yānmò dàdì. Nǐmen kàn, niǎo dōu fēizǒu le." Jiēzhe, tā jiù bǎ zěnme dédào bǎoshí, zěnme tīngjiàn yì qún niǎo shāngliang yǐjí wèishénme bù néng bǎ tīnglái de xiāoxi gàosù biérén, dōu yuányuánběnběn de shuōle chulai. Hǎilìbù gāng shuōwán, jiù biànchéngle yí kuài shítou, zài yě bù néng dòng le.

8. Dàjiā kànjiàn Hǎilìbù biànchéngle shítou, dōu shífēn hòuhuǐ, yě fēicháng nánguò. Tāmen hánzhe yǎnlèi, niànzhe Hǎilìbù de míngzi, fúzhe lǎorén, lǐngzhe háizi, gǎnzhe niúyáng, wǎng hěn yuǎn de dìfang zǒuqu. Tāmen zǒu zài lù shang, hūrán tīngjiàn yì shēng jùxiǎng, dà shān dǎoxia le, hóngshuǐ yǒngle chulai, bǎ tāmen zhù de cūnzi dōu yānmò le.

9. Hóngshuǐ tíngle yǐhòu, dàjiā zhǎodào Hǎilìbù biànchéng de shítou, bǎ tā fàng zài yí zuò shān de dǐng shang, ràng hòulái de rénmen yǒngyuǎn jìzhù Hǎilìbù. Jùshuō, xiànzài hái néng zhǎodào nà kuài jiàozuò "Hǎilìbù" de shítou ne.

课文英译

15. Brave Hailibu

1. Hailibu was an honest and kind-hearted Mongolian hunter. He often helped people and was well liked by his fellow villagers.

2. One day, Hailibu went into the mountains hunting. Suddenly, he heard cries for help coming from the sky. Looking up, he saw that

an eagle was flying by with a little white snake clutched in its talons. He quickly readied his bow and shot the eagle. The eagle was badly hurt, and, dropping the snake, flew away.

3. The little white snake was the dragon king's daughter. To express his thanks to Hailibu, the dragon king gave the gem in his mouth to Hailibu. The white snake told Hailibu, "When this gem is in your mouth, you will be able to understand the languages of all animals. However, what they say is only to be known by you. If you tell others what you hear, you will be turned into a stone."

4. With this magic gem, hunting became much easier. He put the stone in his mouth, and could understand the languages of every bird and animal. In this way, he knew which mountain had which kind of animal. He was able to successfully hunt more game, and so was also able to help more people. Several years passed in this way.

5. One day while hunting, he heard a flock of birds discussing something. Upon listening more carefully, he heard the leader of the flock say, "Let's leave here immediately! It's going to be flooded tonight, the mountain will collapse and everything will be submerged. Many people will die."

6. Hailibu was shocked by this news. He rushed back to the village at once, and told the others, "Let's move to another place, we cannot live here any longer!" Everyone thought this very strange. They thought the place they currently live was great. Why should they move? No matter how anxious Hailibu was and how hard he urged them to move, no one would believe him. He cried, saying, "I swear, what I am saying is completely true. Believe me, and move immediately, or it will be too late!" An old man said to him, "Hailibu, we are good

neighbors, and we know you have never told a lie. But today you ask us to leave here without giving any reasons. We have lived at the foot of this mountain for many generations. It is not so easy to move a group of old and young people."

7. Hailibu knew he would not be able to persuade them unless he told them the truth. If he waited any longer, the impending disaster would kill everyone in his village. He realized that to save everyone, he would have to sacrifice himself. He said calmly to all of the villagers, "The village is going to be flooded tonight. Look, all the birds have flown away." Then he told them how he obtained the magic gem, what he heard from the birds, and why he was not supposed to tell others what he had heard—he told them the whole story. As soon as he had told them this, he turned into a stone and could no longer move.

8. Seeing this, the villagers were full of sorrow and regret. With eyes full of tears and thinking of Hailibu, they packed their things and left for a faraway place. On the way, they heard a huge noise. The floodwater gushed forth, submerging their village.

9. After the floodwater receded, the villagers found the stone Hailibu had turned into, and put it on top of a hill in memory of him. It is said that today you can still find that stone called "Hailibu".

生词

1. 猎人	lièrén	（名）	hunter
2. 打猎	dǎliè	（动）	to hunt
3. 老鹰	lǎoyīng	（名）	eagle
4. 弓箭	gōngjiàn	（名）	bow and arrow
5. 宝石	bǎoshí	（名）	precious stone
6. 含	hán	（动）	to keep in mouth
7. 淹没	yānmò	（动）	to inundate
8. 大吃一惊	dà chī yì jīng		to jump out of one's skin
9. 焦急	jiāojí	（形）	worried, anxious
10. 催促	cuīcù	（动）	to hasten, to hurry
11. 发誓	fāshì	（动）	to swear
12. 千真万确	qiān zhēn wàn què		absolutely true
13. 代	dài	（名）	generation
14. 灾难	zāinàn	（名）	disaster
15. 镇定	zhèndìng	（形）	composed
16. 原原本本	yuányuán běnběn	（副）	from the beginning to the end
17. 涌	yǒng	（动）	to gush

勇敢的海力布

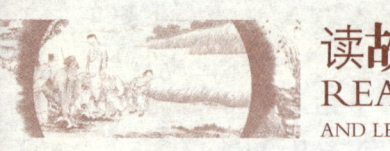

背景知识

1. 蒙古族： 一个历史悠久而又富于传奇色彩的民族，主要分布在内蒙古自治区。畜牧业是蒙古族长期赖以生存和发展的主要经济。现以农耕为主。蒙古族能歌善舞，善骑马、摔跤、射箭，被誉为"马背上的民族"。

Mongol is a legendary ethnic group with a long history. They live mainly in the Inner Mongolian Autonomous Region. Animal husbandry has long been the main economic form of Mongolians for living and development, which has now been replaced by farming. The Mongolians are good at dancing, singing, horse-riding, wrestling and archery and are thus known as the "Ethnic Group on Horseback".

2. 龙王： 龙是中华民族古代的图腾。龙王在中国古代民间传说中是掌管兴云降雨的神。

Dragon is the totem of the Chinese people. The Dragon King is a god who can summon the rain clouds and pour down rain in the ancient folk legends.

注释

1. 为了感谢海力布，龙王把自己嘴里的宝石送给了海力布。

"为了"表示目的，常常放在句首。

"为了" is always put at the beginning of the sentence to indicate the purpose.

例如：为了找到更好的工作，我来到了北京。

为了了解中国文化，她开始学习汉语。

2. 如果对别人说了，您就会变成一块石头。

"如果"表示假设，用在前一个句子里，后面的句子是结论，句中常用"就"。"如果……"后面也可以再加上"的话"。"如果"也可以说"要是"。

"如果" links two clauses and expresses a hypothesis. The latter clause expresses the result and always uses "就". It can be followed by "的话" and can be replaced by "要是".

例如：如果（要是）不下雨（的话），我们就出去玩儿。

如果（要是）你现在还不起床（的话），就会迟到的。

3. 不知道要死**多少**人呢。

这句话的意思是会死很多人。汉语中常用"不知道……多少"来表示会有很多的意思。

This sentence means that it would cause a lot of people to die. In Chinese, "不知道……多少" is used to indicate a large number or amount.

例如：她的衣服都是名牌，不知道要花多少钱呢。
　　　她到很远的地方去，不知道要多少天才能回来。

4. 尽管海力布焦急地催促大家，**可是**谁也不相信。
"尽管"表示让步，后面的句子中常用"但是、可是、可、却、还是、仍然"等词。
"尽管"，indicates a concession. The words such as "但是、可是、可、却、还是、仍然" are often used in the following clause：
例如：尽管她很穷，可是（但是）她帮助了很多比她更困难的人。
　　　尽管我不想说，她却不停地问。
　　　尽管我跟他解释了半天，她还是（仍然）听不懂。

5. 大家是不会相信的。
这里的"是……的"是加重语气的一种说法，有强调的意思。"是"常常可以省略不说。
"是……的" is a way of emphasizing something. Sometimes "是" can be omitted.
例如：她（是）一定愿意去的。
　　　我（是）不会买这本书的。

练习

一、请根据课文内容在 A、B、C、D 四个答案中选择唯一正确的答案。

1. 乡亲们喜欢海力布是因为他_____。
   A. 会打猎　　B. 英俊　　C. 能干　　D. 爱帮助人

2. 海力布打猎的时候听到_____喊"救命"。
   A. 老鹰　　B. 龙王　　C. 一个人　　D. 小白蛇

3. 海力布_____老鹰。
   A. 射中了　　B. 没有射中　　C. 射死了　　D. 杀死了

4. 海力布有了宝石之后_____。
   A. 得到了更多的猎物　　　　B. 就骄傲起来
   C. 感到很不方便　　　　　　D. 动物们都喜欢他

5. 海力布听_____说马上就要发洪水。
   A. 一只鸟　　B. 一条蛇　　C. 龙王　　D. 一个乡亲

6. 因为乡亲们_____，所以他们一开始并不想搬家。
   A. 不相信鸟说的话
   B. 知道海力布在撒谎
   C. 很喜欢这个地方
   D. 好几代都住在这里，搬家不容易

7. 海力布决定牺牲自己之后很_____。
   A. 难过　　B. 后悔　　C. 镇定　　D. 高兴

8. 乡亲们最后_____。
   A. 得救了　　　　　B. 还是不相信
   C. 变成了石头　　　D. 都死了

二、请根据课文内容判断下列句子的正误。

1. 海力布救小白蛇是为了得到宝石。（　　）
2. 海力布把动物的话告诉别人，他就会变成石头。
   　　　　　　　　　　　　　　　　　　（　　）
3. 海力布见乡亲们不相信他的话就急得哭了。（　　）
4. 乡亲们最后相信了海力布的话，可洪水还是淹没了他们。
   　　　　　　　　　　　　　　　　　　（　　）
5. 海力布救了大家，自己却牺牲了。（　　）

三、下面的句子中有一个或两个空儿，请在A、B、C、D四个答案中选择唯一恰当的填上。

1. _____救乡亲们，海力布说出了宝石的秘密。
   A. 因为　　B. 为了　　C. 目的　　D. 就是

2. _____海力布听不懂动物的话，他_____不会知道这个地方将要发洪水。
   A. 既然……那么……　　B. 因为……所以……
   C. 如果……就……　　　D. 要是……可……

3. _____人们都喜欢海力布，_____他们刚开始还是不愿意搬家。
   A. 因为……所以……　　B. 尽管……就……
   C. 为了……就……　　　D. 尽管……可……

4. 海力布把所有的事情都讲了一遍，不知道费了_____力呢。

　　A. 多么　　　B. 多少　　　C. 许多　　　D. 很多

5. 海力布变成石头之后，大家才明白海力布_____不会骗人_____。

　　A. 是……了　　　　　　B. 是……的

　　C. 是……啊　　　　　　D. 是……着

四、下面这段文字中有若干个空儿（空儿中标有题目序号），请根据课文的意思在A、B、C、D四个答案中选择唯一恰当的词语。

　　海力布救____1____一____2____小白蛇，____3____得到了一颗宝石。他把宝石____4____在嘴里，____5____能听懂动物的话。海力布听到一只鸟说这里要发生灾难，他马上劝大家搬家。____6____大家不愿意离开，海力布____7____把宝石的秘密说了____8____。海力布虽然牺牲了自己的生命，____9____乡亲们最终得救了。大家都非常____10____海力布。

　　1. A. 完　　　B. 了　　　C. 活　　　D. 起
　　2. A. 头　　　B. 条　　　C. 群　　　D. 个
　　3. A. 因此　　B. 为了　　C. 因为　　D. 为着
　　4. A. 吃　　　B. 咬　　　C. 含　　　D. 吞
　　5. A. 只　　　B. 又　　　C. 那么　　D. 就

·209·　勇敢的海力布

6. A. 可是　　B. 虽然　　C. 既然　　D. 那么
7. A. 没法　　B. 只好　　C. 才　　　D. 又
8. A. 出去　　B. 下去　　C. 出来　　D. 下来
9. A. 可是　　B. 然后　　C. 之后　　D. 还是
10. A. 谢谢　　B. 感情　　C. 感动　　D. 感谢

试试看

故事里的海力布是怎样的一个人？请至少用五个形容词来描绘他。

★ 词汇总表 ★
Vocabulary

A

哀求	āiqiú	（动）	to entreat, to implore	10
挨	āi	（动）	to get close to	7
安定	āndìng	（形）	stable, quiet, settled	5
暗暗	àn'àn	（副）	secretly	5
暗示	ànshì	（动）	to hint	11

B

白白	báibái	（副）	in vain	3
摆设	bǎishè	（动）	to place	2
半信半疑	bàn xìn bàn yí		to dubitate, to be not quite convinced	7
剥	bāo	（动）	to shell, to peel	12
宝石	bǎoshí	（名）	precious stone	15
保管	bǎoguǎn	（动）	to take care of	2
报复	bàofu	（动）	to retaliate	14
悲痛	bēitòng	（形）	grieved, sorrowful	2
逼	bī	（动）	to force	14
边境	biānjìng	（名）	border	5
扁担	biǎndan	（名）	carrying pole, shoulder pole	12

搏斗	bódòu	（动）	to wrestle, to fight, to combat	5
补	bǔ	（动）	to repair	1
部落	bùluò	（名）	tribe	6

C

彩虹	cǎihóng	（名）	rainbow	1
参军	cānjūn	（动）	to join the army	5
藏	cáng	（动）	to hide	2
嘲笑	cháoxiào	（动）	to sneer	4
彻底	chèdǐ	（副）	once and for all	5
沉	chén	（形）	heavy	8
沉	chén	（动）	to sink	13
趁	chèn	（介）	while	12
称	chēng	（动）	to weigh	7
秤	chèng	（名）	steelyard	7
冲	chōng	（动）	to wash away	6
穿	chuān	（动）	to thread	13
传颂	chuánsòng	（动）	to be eulogized everywhere	6
船帮	chuánbāng	（名）	shipboard, side of a ship	7
创造	chuàngzào	（动）	to create	1
催促	cuīcù	（动）	to hasten, to hurry	15

D

搭	dā	（动）	to set up	12
打翻	dǎfān	（动）	to overturn	4

打猎	dǎliè	(动)	to hunt	15
大吃一惊	dà chī yì jīng		to jump out of one's skin	15
大摇大摆	dà yáo dà bǎi		to swagger	3
代	dài	(名)	generation	15
担	dàn	(量)	*dan* [a unit of weight]	7
挡	dǎng	(动)	to get in one's way	14
捣乱	dǎoluàn	(动)	to make trouble	2
倒	dào	(动)	to fall	14
得意扬扬	déyì yángyáng		pleased with oneself	9
等	děng	(名)	class, grade	9
瞪	dèng	(动)	to glare	9
堤	dī	(名)	bank	10
抵挡	dǐdǎng	(动)	to withstand	5
堵	dǔ	(动)	to stop up, to block up	6
妒忌	dùjì	(动)	to envy	10
对手	duìshǒu	(名)	rival, opponent	2
夺	duó	(动)	to deprive	4

E

恩爱	ēn'ài	(形)	affectionate	10

F

发愁	fāchóu	(动)	to worry, to be anxious	7
发誓	fāshì	(动)	to swear	15
法术	fǎshù	(名)	witchcraft, magic arts	10
泛滥	fànlàn	(动)	to overflow	6

方式	fāngshì	（名）	manner, way	2
费力	fèilì	（动）	arduous, energy-exhausting	1
坟墓	fénmù	（名）	tomb	11
丰富多彩	fēngfù duōcǎi		rich and colorful	1
蜂蜜	fēngmì	（名）	honey	13
服气	fúqì	（动）	to be convinced	9
浮	fú	（动）	to float	13
斧子	fǔzi	（名）	ax	1
复仇	fùchóu	（动）	to revenge	4

G

干脆	gāncuì	（副）	directly, simply	3
甘心	gānxīn	（动）	to be reconciled to	3
缸	gāng	（名）	vat, jar	8
格外	géwài	（副）	especially	2
隔	gé	（动）	to separate	12
各自	gèzì	（代）	each	9
根本	gēnběn	（副）	at all	8
弓箭	gōngjiàn	（名）	bow and arrow	15
功劳	gōngláo	（名）	credit	2
攻打	gōngdǎ	（动）	to attack	5
够	gòu	（动）	to reach (something with one's hand, etc.)	8
鼓励	gǔlì	（动）	to encourage	5
观察	guānchá	（动）	to observe, to survey	6
官员	guānyuán	（名）	official	7
管理	guǎnlǐ	（动）	to manage, to control	4

逛	guàng	（动）	to ramble, to stroll	10
规定	guīdìng	（动）	to prescribe	5
过度	guòdù	（形）	excessive	11

H

海燕	hǎiyàn	（名）	petrel	4
含	hán	（动）	to keep in mouth	15
河沟	hégōu	（名）	drain, ditch	6
狠心	hěnxīn	（动）	to set one's heart	6
红火	hónghuo	（形）	prosperous	10
洪水	hóngshuǐ	（名）	floodwater	6
后悔	hòuhuǐ	（动）	to regret	4
呼唤	hūhuàn	（动）	to call, to shout to	2
花轿	huājiào	（名）	bridal sedan chair	11
晃动	huàngdòng	（动）	to shake	2
浑	hún	（形）	muddy, turbid	14
混	hùn	（动）	to get along with	2

J

讥讽	jīfěng	（动）	to ridicule, to mock, to jeer	9
机智	jīzhì	（形）	clever, quick-witted	8
积极	jījí	（形）	positive	5
急忙	jímáng	（副）	hastefully	14
急中生智	jí zhōng shēng zhì		show resourcefulness in an emergency	8

记号	jìhao	(名)	mark, sign signal, symbol	7
技术	jìshù	(名)	skill, technique	12
祭奠	jìdiàn	(动)	to hold a memorial service for	11
袈裟	jiāshā	(名)	cassock, outer garment worn by Buddhist monk	10
假装	jiǎzhuāng	(动)	to pretend, to disguise, to make believe	5
驾	jià	(动)	to drive	4
建立	jiànlì	(动)	to build	13
渐渐	jiànjiàn	(副)	gradually	14
焦急	jiāojí	(形)	worried, anxious	15
狡猾	jiǎohuá	(形)	crafty	3
教训	jiàoxùn	(名)	lesson	6
结拜	jiébài	(动)	to become sworn brothers (or sisters)	11
解乏	jiěfá	(动)	to recover from fatigue	3
金簪	jīnzān	(名)	golden hairpin	12
紧	jǐn	(形)	tight	14
紧急	jǐnjí	(形)	urgent	5
尽	jìn	(形)	all	8
惊奇	jīngqí	(形)	amazed, surprised	5
拒绝	jùjué	(动)	to refuse	14
决心	juéxīn	(名)	determination, resolution	5
军事家	jūnshìjiā	(名)	strategist	7

K

开天辟地	kāi tiān pì dì		creation of the world	1
咳嗽	késou	（动）	to cough	8
恐怕	kǒngpà	（副）	perhaps, maybe	8
窟窿	kūlong	（名）	hollow	1
夸奖	kuājiǎng	（动）	to praise, to commend, to cry up	7
夸耀	kuāyào	（动）	to show off, to pique oneself on	9

L

来历	láilì	（名）	derivation	3
牢	láo	（形）	firm	8
老鹰	lǎoyīng	（名）	eagle	15
愣	lèng	（形）	stupefied	8
联盟	liánméng	（名）	alliance, union	6
炼	liàn	（动）	to smelt	1
猎人	lièrén	（名）	hunter	15
裂	liè	（动）	to crack, to split, to break up	11
灵魂	línghún	（名）	soul	4
流域	liúyù	（名）	river basin, valley	6
搂	lǒu	（动）	to hold in one's arms	3
陆地	lùdì	（名）	land	7
陆续	lùxù	（副）	one after another	3

露	lù	(动)	to show, to become visible	8
屡	lǚ	(副)	again and again	9
轮流	lúnliú	(动)	to do something in turn	2

M

蚂蚁	mǎyǐ	(名)	ant	13
漫	màn	(动)	to overflow	10
媒人	méiren	(名)	match-maker	14
美满	měimǎn	(形)	happy, perfectly satisfactory	12
勉强	miǎnqiǎng	(形)	reluctant	6
摸黑	mōhēi	(动)	to go in the dark	3
抹	mǒ	(动)	to smear	13
目瞪口呆	mù dèng kǒu dāi		to be filled with shocked wonder	9

N

能手	néngshǒu	(名)	expert	12
捏	niē	(动)	to knead with the fingers	1

P

披	pī	(动)	to drape over one's shoulder	12
劈	pī	(动)	to chop, to cleave, to split	1
破裂	pòliè	(动)	to break	1

Q

七嘴八舌	qī zuǐ bā shé		with many people speaking all at once	7
漆黑	qīhēi	（形）	pitch-dark	1
祈祷	qídǎo	（动）	to pray, say one's prayers	12
祈求	qíqiú	（动）	to pray, to impetrate	2
气愤	qìfèn	（形）	indignant, furious	10
千真万确	qiān zhēn wàn què		absolutely true	15
牵	qiān	（动）	to pull, to lead along	7
牵挂	qiānguà	（动）	to worry	2
前线	qiánxiàn	（名）	front line	5
亲密	qīnmì	（形）	close, intimate	3
轻蔑	qīngmiè	（动）	to scorn, to disdain	9
情景	qíngjǐng	（名）	condition, circumstance	8
求婚	qiúhūn	（动）	to propose	13
劝告	quàngào	（动）	to advise, to exhort	8
鹊桥	quèqiáo	（名）	magpie bridge	12

R

忍心	rěnxīn	（动）	to have the heart to	5
熔化	rónghuà	（动）	to melt	1

S

扫兴	sǎoxìng	(形)	disappointed	9
善于	shànyú	(动)	to be good at	8
射箭	shè jiàn	(动)	to shoot arrow	14
深情	shēnqíng	(形)	affectionate	6
神箭	shénjiàn	(名)	magic arrow	14
神奇	shénqí	(形)	magic, miraculous, supernatural	10
生存	shēngcún	(动)	to subsist, to exist, to live	2
生意	shēngyi	(名)	business	10
师母	shīmǔ	(名)	wife of one's teacher (or master)	11
使臣	shǐchén	(名)	emissary	13
首领	shǒulǐng	(名)	chief, leader	6
疏导	shūdǎo	(动)	to dredge	6
输	shū	(动)	to be defeated, to lose	9
属	shǔ	(动)	to be born in the year of (one of the twelve animals)	3
树梢	shùshāo	(名)	treetop	13
树枝	shùzhī	(名)	branch of the tree	4
竖	shù	(动)	to erect	5
摔跤	shuāi jiāo	(动)	to wrestle	14
水灾	shuǐzāi	(名)	flood	6
顺	shùn	(动)	to follow	13
顺利	shùnlì	(形)	smooth, successful	5

| 说服 | shuōfú | （动） | to persuade | 14 |
| 松 | sōng | （动） | to relax | 8 |

T

踏	tà	（动）	to take a step	11
替	tì	（动）	for	5
填	tián	（动）	to fill	4
挑	tiāo	（动）	to carry on shoulder with a pole	7
亭子	tíngzi	（名）	pavilion	11
统一	tǒngyī	（动）	to unite	13
痛快	tòngkuai	（形）	simple and direct, forthright	3
偷偷	tōutōu	（副）	secretly	5
推荐	tuījiàn	（动）	to recommend	6
吞没	tūnmò	（动）	to engulf, to swallow up	4

W

歪	wāi	（形）	unethical; improper; evil	3
弯	wān	（名）	turn	13
完整	wánzhěng	（形）	complete	1
玩耍	wánshuǎ	（动）	to play	8
顽皮	wánpí	（形）	mischievous, naughty	2
王朝	wángcháo	（名）	dynasty	13
危急	wēijí	（形）	in imminent danger	2
为难	wéinán	（形）	awkward	13

文雅	wényǎ	(形)	refined, cultured, elegant	10
无辜	wúgū	(形)	innocent	4
无奈	wúnài	(动)	to have no choice, cannot help but	11
无情	wúqíng	(形)	cruel	4

X

喜鹊	xǐquè	(名)	pied magpie	12
下端	xiàduān	(名)	end	1
吓唬	xiàhu	(动)	to gally, to frighten, to scare	2
掀	xiān	(动)	to lift	10
衔	xián	(动)	to hold in the mouth	4
陷入	xiànrù	(动)	to get into	1
羡慕	xiànmù	(动)	to admire, to envy	5
香	xiāng	(名)	perfume, scent	13
心地	xīndì	(名)	heart	10
心慌意乱	xīn huāng yì luàn		to lose one's balance	9
心事	xīnshì	(名)	something weighing on one's mind, concerns	11
辛勤	xīnqín	(形)	hard-working, industrious	6
信心	xìnxīn	(名)	confidence	13
兴奋	xīngfèn	(形)	excited	3
形影不离	xíng yǐng bù lí		inseparable as body and shadow; be always together	11

胸膛	xiōngtáng	（名）	chest	3
胸有成竹	xiōng yǒu chéng zhú		have a well-thought-out plan	9
血液	xuèyè	（名）	blood	1
循环	xúnhuán	（动）	to circulate	3

Y

淹没	yānmò	（动）	to inundate	15
妖精	yāojing	（名）	spirit	10
遥远	yáoyuǎn	（形）	far	13
药材	yàocái	（名）	medicinal material	4
药店	yàodiàn	（名）	drugstore	10
要命	yàomìng	（动）	to drive somebody to death	14
医术	yīshù	（名）	leechcraft	10
一晃	yíhuàng	（动）	to flash by	11
一见如故	yí jiàn rú gù		to feel like old friends at the first meeting	11
疑惑	yíhuò	（动）	to feel uncertain, to be not convinced	9
一模一样	yì mú yí yàng		exactly alike	13
议论	yìlùn	（动）	to discuss	7
阴谋诡计	yīnmóu guǐjì		machination, intrigue and plot	3
银河	yínhé	（名）	Milky Way	12
英俊	yīngjùn	（形）	handsome	5
赢	yíng	（动）	to win	9
涌	yǒng	（动）	to gush	15

愚蠢	yúchǔn	(形)	stupid, foolish	9
原原本本	yuányuánběnběn	(副)	from the beginning to the end	15
远远	yuǎnyuǎn	(副)	far	5
约定	yuēdìng	(动)	to agree on, to appoint, to arrange	11
云霞	yúnxiá	(名)	rosy clouds	1
允许	yǔnxǔ	(动)	to promise, to allow	12

Z

砸	zá	(动)	to pound, to smash	8
灾难	zāinàn	(名)	disaster	15
凿	záo	(动)	to cut a hole, to chisel	6
增添	zēngtiān	(动)	to add	12
闸门	zhámén	(名)	sluice gate	14
摘	zhāi	(动)	to pick	14
珍珠	zhēnzhū	(名)	pearl	13
镇定	zhèndìng	(形)	composed	15
政治家	zhèngzhìjiā	(名)	statesman	8
支撑	zhīchēng	(动)	to prop up	1
知心	zhīxīn	(形)	intimate	12
指挥	zhǐhuī	(动)	to direct	4
制服	zhìfú	(动)	to control	6
柱子	zhùzi	(名)	pillar	1
庄稼	zhuāngjia	(名)	crop	2
准	zhǔn	(副)	certainly	9

自由	zìyóu	（形）	free	11
自愿	zìyuàn	（动）	to volunteer	3
总结	zǒngjié	（动）	to sum up	6
做媒	zuòméi	（动）	to be a match-maker	11

★ 课后练习参考答案 ★

Key to the Exercises

第1课

一、1. A 2. C 3. B

二、1. A 2. B 3. B 4. C 5. A 6. C
7. B

三、1. B 2. A 3. B 4. A 5. C

四、事　界　里/儿　已/身　于　常

第2课

一、1. A 2. C 3. B 4. B 5. A 6. C

二、1. × 2. × 3. √ 4. × 5. √

三、1. C 2. C 3. C 4. B

四、1. B 2. A 3. C 4. C 5. B 6. D
7. B 8. D 9. A 10. C

第3课

一、1. A 2. A 3. C 4. A

二、1. D 2. B 3. B 4. A 5. C 6. B
7. B

三、1. × 2. × 3. √ 4. × 5. √

四、1. C 2. A 3. A 4. D

第4课

一、1. B 2. D 3. A 4. C

二、1. B 2. D 3. A 4. B 5. C 6. C
7. B 8. A 9. B

三、1.√ 2.× 3.√ 4.√ 5.×

四、1. A 2. B 3. A 4. B 5. C 6. C
　　7. C 8. A

五、只 鸟 树 在 神 经

第5课

一、1. B 2. C 3. C 4. C

二、愚蠢 安全 接受 特别 批评

三、1. B 2. C 3. C 4. C

四、1. A 2. B 3. A 4. C

五、故 敢 英 果 情

第6课

一、1. B 2. A 3. B 4. B 5. C 6. A

二、1. × 2. × 3. × 4. √ 5. √

三、6 1 2 3 5 4

四、1. C 2. A 3. D 4. C 5. D

第7课

一、1. B 2. B 3. C 4. B 5. D 6. B

二、2 3 5 4 7 6 1

三、1. C 2. D 3. C 4. B 5. A

四、1. A 2. B 3. A 4. B 5. B 6. D
　　7. A 8. C 9. C 10. D

第8课

一、1.有名 2.办法 3.完 4.装

二、1. B 2. A 3. B 4. C 5. C 6. A
　　7. A 8. A

三、1. A 2. B 3. B 4. C

四、诚 匹 定 容 卖 重 为

第9课

一、1. A 2. A 3. C 4. C

二、1. A 2. B 3. B 4. A 5. B 6. A

三、2 4 5 1 3 6

四、1. C 2. A 3. B 4. C

第10课

一、1. A 2. B 3. A 4. C 5. C 6. B
　　7. B 8. D

二、1. × 2. √ 3. × 4. × 5. ×

三、1. B 2. A 3. C 4. A

四、1. C 2. A 3. B 4. B 5. B 6. A
　　7. A 8. A

第11课

一、1. B 2. A 3. A 4. C

二、1. A 2. B 3. B 4. C 5. C 6. A
　　7. B

三、1. √ 2. × 3. √ 4. × 5. √

四、1. B 2. C 3. A 4. A

第12课

一、1. A 2. B 3. A 4. B

二、1. C 2. A 3. C 4. B 5. A 6. A
　　7. B

三、1. × 2. × 3. × 4. × 5. √

四、1. A 2. D 3. C 4. B

五、古 中 为 用 妻

第13课

一、1. B　　2. B　　3. C　　4. C
二、1. A　　2. C　　3. A　　4. A
三、1. C　　2. A　　3. A　　4. C
四、朝　原　然　映　望　美

第14课

一、1. A　　2. B　　3. C　　4. A　　5. C　　6. D
　　7. A　　8. A
二、1. ×　　2. √　　3. ×　　4. √　　5. √　　6. ×
　　7. ×　　8. ×
三、2　1　5　3　6　4　7
四、1. A　　2. C　　3. B　　4. D　　5. D
五、1. B　　2. D　　3. C　　4. B　　5. D　　6. B
　　7. A　　8. C

第15课

一、1. D　　2. D　　3. A　　4. A　　5. A　　6. D
　　7. C　　8. A
二、1. ×　　2. √　　3. √　　4. ×　　5. √
三、1. B　　2. C　　3. D　　4. B　　5. B
四、1. B　　2. B　　3. A　　4. C　　5. D　　6. A
　　7. B　　8. C　　9. A　　10. D